中学生の書く行為に着目した国語科における読者反応の支援

勝田　光 著

風間書房

まえがき

　本書は，「子どもが本を読むことを楽しいと思える授業をしたい」という問題意識から生まれました。国語教育の歴史を紐解くと，類似する問題意識を持つ実践・研究として，1980年代に流行した「読者論」に基づく読むことの学習指導の実践・研究があります。しかし，ここで行われた実践・研究は，難解な読書理論・文学理論に関する議論に終始していたり子どもの読みを大切にするという理念のみが先行したりしていたようにも思われます。

　一方，国際的な読むことの学習指導の研究に視野を広げてみると，1970年頃から「読者反応」（reader response），「生徒の文学に対する反応」（students' literary response）といったキーワードで表される研究が盛んに行われるようになっています。おそらく言語教育の世界で最も権威のある学術誌 *Reading Research Quarterly* の50周年記念号において，編集長はこの読者反応研究を最もよく行われた研究テーマの一つにあげました。国語教育の世界で行われた読者論に関する議論との決定的な違いは，子どもが文章を読んで示した何らかの反応に基づいて議論を行っている点だと思います。

　国語教育の世界でも，山元隆春先生（広島大学）が読者反応研究に着目し，日本の児童生徒が教科書に収録された文章に対して示す反応を調査してきました。その後，山元先生のもとで学んだ寺田守先生（京都教育大学）が，授業という文脈の中で児童生徒が示す反応を調べる研究へと発展させています。しかし，米国と日本では，研究者と実践家の数が大きく異なるので当たり前ですが，両先生によって言及されていない実践・研究も多くあります。その中には，「子どもが本を読むことを楽しいと思える授業をしたい」という問題意識に立ち返った時，ぜひとも検討すべきだと考えられるものもありました。それは，児童生徒の多様で豊かな読者反応を引き出すために教

師は彼／彼女らとどう関われば良いのかという課題と，複数の文学的文章を読んだ後，感想文ではなく同じテーマで新たな物語を創作させるという実践でした。本書では，この課題と実践について，日本の中学校をフィールドにして追究しました。

本書は，序章と終章を除く5章構成です。

序章では，本研究の枠組みとして，教室での実証的研究を積み重ねてきたカリフォルニア大学バークレー校の元教授ロバート・ラデルらによって提唱された読書モデルを検討しました。また，本書の研究課題に関わりのある調査研究のレビューも行っています。英語圏の読者反応研究の動向についてご関心のある方に読んで欲しい章です。

第1章では，私が大学院2年生の時に行った「サーカスの馬」（安岡章太郎）を読む授業を取り上げて，なぜ一人ひとりの読みを大切にする授業を行いたいと思いながらもそれが実現できなかったのか，なぜ生徒は話し合ったことを踏まえて感想文を書けなかったのかを検討しています。文学の授業が上手くいかないと感じている方に読んでいただきたい章です。

第2章では，生徒一人ひとりの読みを大切にする授業を長年実践してこられた先生の授業を取り上げて，教師が話し合いをどうコーディネートして生徒一人ひとりの読みを大切にしているのかを検討しています。クラス全体での話し合いを上手くできるようになりたいと思っている方に読んで欲しいと思っています。

第3章では，「読み書きが苦手」とされる生徒に着目して，彼がクラスメイトと協力して意味マップを作る過程を通して，彼なりにどう読みを深めていくかを分析しました。クラス全体の指導では読みを深められない生徒を支援したいと考えている方に読んでいただきたい章です。

第4章では，物語を読んだ後，感想文を書かせた授業と物語を創作させた授業を比較して，読むことの学習指導において物語創作活動を取り入れることにどんな意義があるかを検討しています。読むことの学習指導に感想文を

書く以外の活動を取り入れたいと考えている方はぜひお読みください。

第5章では，私自身が実践した物語創作活動を中心とした読みの授業を取り上げて，一人の生徒の学習過程を授業後に実施したインタビューも踏まえて検討しています。物語創作指導に関心を寄せている方の参考になることを願っています。

そして終章では，本研究の成果をラデルの教室の読書モデルに即してまとめ，今後の課題を提示しています。

なお本書刊行の目的は，国語科における読むことの学習指導の改善のために，授業の分析を通して得られた実証的な知見（アイディア）を提示することです。新学習指導要領の告示に伴い，授業改善の視点として示された「生徒の主体的・対話的で深い学び」（アクティブ・ラーニング）が注目を集めています。本書は，生徒の読みが深まる過程，教師やクラスメイトと読むことを学ぶ意義を検討しています。決して抽象的で難解な理論ではなく，授業で生徒が示す反応に基づいて議論した本書が，小中高等学校の先生方がご自身の授業を振り返るきっかけになることを願っています。

本書は，2015～2016年度の日本学術振興会科学研究費助成事業（特別研究員奨励費　課題番号14J00299）「文学の授業における読者反応の支援方法に関する研究」の成果に基づき，2016年度に学位論文（筑波大学）としてまとめたもので，独立行政法人日本学術振興会平成30年度科学研究費助成事業（科学研究費補助金）（研究成果公開促進費）（課題番号 18HP5228）の助成を賜り，本書を刊行することになりました。

本書の刊行にあたり，長田友紀先生（筑波大学）にお力添えいただきました。風間書房の風間敬子様と斉藤宗親様に編集と出版において大変お世話になりました。長田先生と風間様，斉藤様に深くお礼を申し上げます。

2018年6月

勝田　光

目　　次

まえがき

序章　本研究の目的と方法 ……………………………………………………… 1

　0.1　問題の所在と本研究の目的 ……………………………………………… 2

　0.2　本研究の理論的枠組み ……………………………………………………… 6

　0.3　調査研究の成果と課題 ………………………………………………………13

　　0.3.1　研究方法の推移からみた調査課題の変化 …………………………14

　　0.3.2　加齢による読者反応の発達 …………………………………………18

　　0.3.3　教室の読書における読者反応の特質 ………………………………20

　　0.3.4　指導過程に物語創作活動を取り入れる意義 ………………………24

　　0.3.5　先行研究に残された課題と本研究の特色 …………………………31

　0.4　研究の方法 ……………………………………………………………………33

　0.5　本研究の構成 …………………………………………………………………35

第1章　意味交渉過程の事例分析による調査課題の設定 ………………………45

　1.1　本章の目的 ……………………………………………………………………46

　1.2　研究の方法 ……………………………………………………………………46

　　1.2.1　調査の概要 ………………………………………………………………46

　　1.2.2　分析の方法 ………………………………………………………………50

　1.3　分析 ……………………………………………………………………………51

　　1.3.1　【分析1】教師は，意味交渉過程において生徒とどのような
　　　　　関わり方をしていたか ……………………………………………………51

　　1.3.2　【分析2】生徒は，授業で生じた意味交渉を踏まえて感想文を書けたか …54

　1.4　考察 ……………………………………………………………………………56

第 2 章　生徒の読者反応を支援する教師の役割 ……………… 61

　2.1　本章の目的 ……………………………………………………… 62

　2.2　研究の方法 ……………………………………………………… 62

　　2.2.1　調査の方法 ………………………………………………… 62

　　2.2.2　分析の方法 ………………………………………………… 66

　2.3　分析 ……………………………………………………………… 67

　　2.3.1　【分析 1】読者反応を支援する教師の役割にはどのような
　　　　　ものがあるか ……………………………………………… 67

　　2.3.2　【分析 2】教師の役割は授業の中でどのように変化するか … 69

　　2.3.3　【分析 3】読者反応を支援する教師の役割のダイナミズムとは何か … 70

　2.4　考察 ……………………………………………………………… 74

第 3 章　「読み書きが苦手」な生徒の意味形成過程における支援の実際
　………………………………………………………………………… 79

　3.1　本章の目的 ……………………………………………………… 80

　3.2　研究の方法 ……………………………………………………… 80

　　3.2.1　調査の方法 ………………………………………………… 80

　　3.2.2　授業計画 …………………………………………………… 88

　　3.2.3　分析の方法 ………………………………………………… 90

　3.3　分析 ……………………………………………………………… 92

　　3.3.1　【分析 1】「読み書きが苦手」な佐藤くんは一連の授業を通して読みを
　　　　　深めることができたか …………………………………… 92

　　3.3.2　【分析 2】「読み書きが苦手」な佐藤くんは課題に取り組む時，教師や他の
　　　　　生徒とどう関わっていたか ……………………………… 97

　　3.3.3　【分析 3】「読み書きが苦手」な佐藤くんは読みを深める時，教師と他の
　　　　　生徒からどんな支援を受けたか ………………………… 106

　3.4　考察 ……………………………………………………………… 108

目　　次　vii

第 4 章　読みの目標の違いが生徒の文章産出に与える影響 ………… 115
4.1　本章の目的 ……………………………………………………………… 116
4.2　研究の方法 ……………………………………………………………… 117
4.2.1　調査の方法 …………………………………………………………… 117
4.2.2　分析の方法 …………………………………………………………… 124
4.3　分析 ……………………………………………………………………… 126
4.3.1　【分析 1】読みの目標の違いは，文章の記述量にどう影響したか ……… 126
4.3.2　【分析 2】読みの目標の違いによって，生徒間の文章内容の類似度に
差が生じたか ………………………………………………………… 128
4.3.3　【分析 3】教材文にない語として，生徒はどんな語を用いたか ………… 129
4.4　考察 ……………………………………………………………………… 132

第 5 章　創作指導における生徒の物語改作過程の事例分析 ………… 141
5.1　本章の目的 ……………………………………………………………… 142
5.2　研究の方法 ……………………………………………………………… 143
5.2.1　授業の構想 …………………………………………………………… 143
5.2.2　調査の経緯 …………………………………………………………… 149
5.2.3　分析の方法 …………………………………………………………… 149
5.3　分析 ……………………………………………………………………… 151
5.3.1　【分析 1】生徒は絵をもとに，どの程度物語を書けたか ………………… 151
5.3.2　【分析 2】本章で構想した授業で，生徒はどんな学習をしたか ………… 159
5.4　考察 ……………………………………………………………………… 168

終章　本研究の成果と課題 ……………………………………………… 175
6.1　本研究の成果 …………………………………………………………… 176
6.2　本研究の課題 …………………………………………………………… 182

あとがき ……………………………………………………………… 187

初出一覧 ……………………………………………………………… 191

文献 …………………………………………………………………… 193

人名索引 ……………………………………………………………… 207

事項索引 ……………………………………………………………… 208

文学作品索引 ………………………………………………………… 211

図　目　次

0.1　ブック・クラブの指導過程における教師の役割 …………………………… 4

0.2　教師から生徒に段階的に読むことの責任を渡すモデル ……………………… 4

0.3　読者反応の連続体 …………………………………………………………… 6

0.4　上谷（1997, p.57）による Iser の理論のモデル化 …………………………… 7

0.5　情報を取り出す─喜びを味わう連続体 ……………………………………… 9

0.6　教室の読書モデル …………………………………………………………… 11

0.7　文学理解のダイナミクス …………………………………………………… 22

0.8　Moss（1995）による生徒の物語創作をゴールにした授業実践の概要 ……… 27

0.9　寺田（2012, p.6）による教室の読書モデル ………………………………… 29

0.10　子どもが話す物語の構造の発達 …………………………………………… 30

0.11　Ruddell らの読書モデルと本研究で設定した調査課題の関係 ……………… 34

0.12　第1章から第5章の関係 …………………………………………………… 37

1.1　「サーカスの馬」の内容把握のために用いたワークシート ………………… 49

1.2　意味交渉を生かして書かれた感想文の例 …………………………………… 55

3.1　【ワークシート1】「故郷」の初読後の感想 ………………………………… 84

3.2　【ワークシート2】「故郷」の意味マップ …………………………………… 84

3.3　【模造紙1】小グループで作成した「故郷」の意味マップ ………………… 85

3.4　【ワークシート3】意味マップ作成後の「故郷」の感想 …………………… 85

3.5　【ワークシート4】「藤野先生」の初読後の感想 …………………………… 86

3.6　【ワークシート5】「故郷」と「藤野先生」を関連づけた意味マップ ……… 86

3.7　【模造紙2】小グループで作成した「故郷」と「藤野先生」を
　　　関連づけた意味マップ ……………………………………………………… 87

3.8　【ワークシート6】「故郷」と「藤野先生」を関連づけた感想 …………… 87

3.9　「故郷」（魯迅）の要約 ……………………………………………………… 89

3.10　「藤野先生」（魯迅）の要約 ………………………………………………… 89

3.11　意味マップ作成前後における記述量の変化 ……………………………… 93

3.12　Many（1994）の尺度からみた理解の深さの変化 ………………………… 93

3.13　第9時における佐藤くんが属する小グループの発話頻度 ………………… 98

3.14　佐藤くんに対する読者反応の支援の事例の分類 ………………………… 107

4.1	研究授業における【A. 創作群】と【B. 自由記述群】の違い	118
4.2	a. 唱歌版「浦島太郎」	120
4.3	b. 御伽草子版「浦島太郎」	120
4.3（続）	b. 御伽草子版「浦島太郎」	121
4.4	c. 浦嶋子縁起版「浦島太郎」	121
4.5	A. 創作群ワークシート 1	122
4.6	B. 自由記述群ワークシート 1	122
4.7	A. 創作群と B. 自由記述群で共通するワークシート 2	123
4.8	A. 創作群ワークシート 3	123
4.9	B. 自由記述群ワークシート 3	124
4.10	ワークシートへの記述量の交互作用プロット	126
4.11	読みの目標の違いによる生徒間の文章内容の類似度	128
4.12	附属創作群における創造的な読者反応の事例	131
4.13	公立創作群における創造的な読者反応の事例	131
4.14	附属自由記述群における生徒の記述例	132
4.15	公立自由記述群における生徒の記述例	132
5.1	物語創作課題を与える時に用いた絵	147
5.2	物語を書くためのワークシート	147
5.3	自分の物語をどう修正するか考えるためのワークシート	148
5.4	第 1 時における物語文法の各要素の有無	151
5.5	主題の五つのカテゴリーへの分類結果	154
5.6	創作文における語り手の位置づけ	159
5.7	青木さんにおける物語の作り直し	160
5.8	「盗み」に対する登場人物の気持ちなど，内面描写の変化	162
6.1	Ruddell & Unrau（2004）の読書モデルからみた本研究の成果	178

表 目 次

0.1	Purves & Rippere（1968）による読者反応を分析するカテゴリー	15
0.2	山元（1992）による読者反応を分析する3種のカテゴリー	16
0.3	Hickman（1981）が明らかにした様々なタイプの読者反応	18
0.4	読者反応の発達段階	19
0.5	文学理解の五つの側面：理論的モデル	21
0.6	五つのタイプの読者反応が出た読み聞かせ場面のプロトコル	23
0.7	生徒の多様な反応を引き出す教師の役割	24
0.8	教師の役割が全て出た読み聞かせ場面のプロトコル	25
0.9	主要先行研究との違いからみた本研究の特色	33
0.10	本研究で実施した調査一覧	34
0.11	調査から得た資料と分析方法の一覧	35
1.1	意味交渉過程の事例分析のために取り上げた授業の概要	48
1.2	ワークシートをもとに「サーカスの馬」の読みを深め、感想を書くまでの流れ	50
1.3	意味交渉過程における教師と生徒の相互作用パタンの典型	52～53
1.3（続）	意味交渉過程における教師と生徒の相互作用パタンの典型	54
1.4	感想文における「僕」の性格と思い違いの捉え方のクロス表	56
2.1	単元「文学の学び方～『走れメロス』による～」の概要	64
2.2	観察した授業の1時間の流れ	65
2.3	コーディング・スキーマ作成の手順	67
2.4	読者反応を支援する教師の役割のコーディング・スキーマ	68～69
2.5	読者反応を支援する教師の役割と生徒の活動場面との関係	70
2.6	生徒の読者反応を支援する教師の五つの役割の事例	72～73
2.7	Sipe（2008）と第2章で見出した教師の役割の関係	75
3.1	観察した一連の授業の概要	81
3.1（続）	観察した一連の授業の概要	82～83
3.2	Many（1994）が生徒の文学理解の深さを捉える上で設定した基準	91
3.3	佐藤くんに対する支援内容の分類手順	91
3.4	各時期の感想で出現件数が多かった語	95

xii

3.5　aとbで入れ替わりがあった語と，係り受け ･･･････････････････････････ 96

3.6　dで初めて上位に入った語と，係り受け ･･･････････････････････････････ 97

3.7　第9時の佐藤くんが属する小グループの相互作用パタン ･････････････････ 98

3.8　佐藤くんの読者反応を支援する13種の事例（1〜2） ･････････････････ 99

3.8（続）　佐藤くんの読者反応を支援する13種の事例（3〜6） ･････････ 100〜101

3.8（続）　佐藤くんの読者反応を支援する13種の事例（7〜10） ･･････ 102〜103

3.8（続）　佐藤くんの読者反応を支援する13種の事例（11〜13） ･････ 104〜105

3.9　教師と小グループ内の生徒による佐藤くんに対する支援の違い ･････････ 107

4.1　研究授業の構成 ･･･ 118

4.2　各群におけるワークシートへの記述量 ･･･････････････････････････････ 126

4.3　ワークシートへの記述量の違いの有意性 ･････････････････････････････ 127

4.4　教材文にない語として，生徒が用いた語 ･････････････････････････････ 129

4.5　附属自由記述群のワークシート3を読み合う場面のプロトコルの抜粋 ･････ 134

4.6　附属創作群のワークシート3を読み合う場面のプロトコルの抜粋 ･･･････ 134

5.1　高木（1987）による「桃太郎」の構造分析 ･･･････････････････････････ 145

5.2　物語文法による分析例 ･･･････････････････････････････････････ 152〜153

5.3　主題の五つのカテゴリー ･･･ 154

5.4　主題の五つのカテゴリーへの分類例 ･････････････････････････ 155〜156

5.5　虚構の要素が含まれるかの分析例 ･･･････････････････････････････････ 157

5.6　創作文における語り手の分析例 ･････････････････････････････ 158〜159

5.7　授業の経過に伴う語り手の変更の有無 ･･･････････････････････････････ 164

5.8　授業の経過に伴う内面描写の有無 ･･･････････････････････････････････ 164

5.9　授業の経過に伴う「設定」の変更の有無 ･････････････････････････････ 164

5.10　第3時（物語文法の学習）の教室談話の発話機能上位7項目（話者別） ･･･････ 166

5.11　青木さんと伊藤さんが「設定」を起承転結に含めるかどうかで対立する場面 ･･･ 167

5.12　青木さんが，「設定」に対する教師と自分の考えの違いを述べる場面 ･･････････ 168

凡　　例

1．外国人名はアルファベット表記に統一した。

例：Rosenblatt

2．引用文は原則としてインデントして引用し，本文の一部として引用するときは「　」を付けた。

3．文献は，基本的には本書の最後に一覧としてまとめ，本文中で引用・参照を求める場合には次の二つのパタンで示した。

著者名（発行年，ページ）　例：Hickman（1981, pp.347-348）

（著者名，発行年，ページ）　例：（Roser, Martinez, Wood, 2011, p.264）

4．英文献に邦訳書がある場合，原著の発行年／邦訳書の発行年で示した。

例：Richards（1929/2008）

5．英語の併記は「日本語」（英語）で示した。

例：「読者反応」（reader response）

6．原著が日本語と英語以外の言語で書かれている場合，英訳と邦訳を参照した。

例：Vygotsky（1934/2001/2012）

序　章
本研究の目的と方法

0.1 問題の所在と本研究の目的

　本研究の目的は，中学生の書く行為に着目して，国語科における読者反応の支援のあり方を追究することである。

　「読者反応」（reader response）理論は，主に文学的文章を対象にした読書において，読者が作り出す意味を重視する理論である（0.2で詳述）。また，読者が作り出す意味は，既有知識や経験の違いにより，一人ひとり異なったものになることが前提となる。国語科教育において，読者反応理論が注目された意義は，大きく分けて次の2点にあると考えられる。

　1点目は，読書を「読者が文章を読んだ後，新たに文章を書く行為」まで含めて捉えたことである。読者反応研究は，ケンブリッジ大学などの学生に作者名を隠した詩を渡し，自由に文章を書かせるというRichards（1929/2008）が行った実験に起源を持つ（0.3で詳述）。その後，読者が文学的文章に対して示す書き言葉による反応を調べる研究が盛んに行われるようになった（Purves & Rippere, 1968）。また，読者反応理論に依拠するブック・クラブやリテラチャー・サークルなどの指導法は，その指導過程に書く活動を明確に位置づけた（Raphael, Pardo,& Highfield, 2002/2012;Day, Spiegel, McLellan, & Brown, 2002/2013）。読書に書く行為を含めた点が読者反応理論の第1の功績と言える。

　2点目は，「他者と読むことの価値」を示したことである。代表的な読者反応理論家Rosenblatt（1978, p.146）は，他の読者と一緒に読むことの重要性を次のように述べた。

　　他者が文章から理解したことを学ぶことは，その人自身が文章から理解したことを大いに深めることになる。文章を読んで，感動あるいは混乱した読者は，多くの場合，それについて話したい，疑問を解消したい，作品理解を明確にしたい

という衝動にかりたてられる。読者は他者の考えを聴くことを好む。読者間のやり取りを通して，人は他の人々がどのくらい異なった感情やこれまで読んできた文学，人生経験を文章理解に持ち込んでいるかを知るのである。

　他者と読むことの重要性を明示した Rosenblatt の読書理論は，リテラシー教育において，共同学習の理論的根拠になっている Vygotsky（1934/2001/2012）の社会文化的アプローチと重ね合わせられることも多く（Roser, Martinez, & Wood, 2011），共同で読む活動を取り入れた指導法の理論的支柱にもなっている。他者と読むことの価値を理論的に示した点が読者反応理論の第2の功績である。

　上述した意義を持つ読者反応に基づく読むことの学習指導は，読書において書くことや他者と読むことの重要性を実証した研究もあり[1]，現在から将来にかけて国語科の代表的な実践理論・方法として位置づくと思われる。しかし，授業実践のためには，解決を必要とする問題が大きく分けて二つ残されていると考えられる。

　一つは，教師は生徒一人ひとりが意味を作りだす過程にどう関われば良いのか，という問題である。読者反応に基づく読むことの学習指導において，教師の役割は「解釈や型通りの反応を教えるのではなく，生徒が文章から意味を作り出す過程を励まし導くこと」（Sebesta, 1995, p.209）とされる。この教師の「励まし導く」役割は，具体的にどう捉えれば良いか。ブック・クラブの理論と方法を示した，Raphael, Pardo, & Highfield（2002, p.16 /2012, p.14）は，指導過程における教師の役割を図0.1のように示した。これが米国の読むことの学習指導で言及されることが多い[2]，Pearson & Gallagher（1983）の「教師から生徒に段階的に読むことの責任を渡すモデル」に類似していることは明らかである（図0.2）。そのため，Raphael らが提示したモデルも，Sipe（2008, p.200）が Pearson らのモデルに対して指摘したのと同じ問題があると考えられる。すなわち，生徒の読者反応を支援する教師の役割は，こ

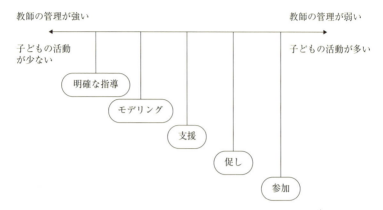

図0.1　ブック・クラブの指導過程における教師の役割[3]

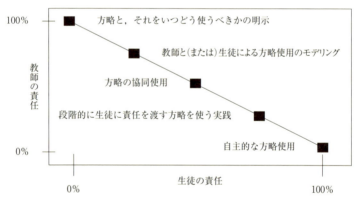

図0.2　教師から生徒に段階的に読むことの責任を渡すモデル[4]

のようにあらかじめ構造化されているのではなく、教師と生徒の相互作用の中で「刻々と」(Clark & Graves, 2005) 変化するダイナミックな性質を持つ、という指摘である。0.3で述べるように、このような立場からSipe (2008) は、生徒の読者反応を支援する教師の役割5種と、それらの役割が教師と生徒の相互作用の中でダイナミックに変化することを明らかにした。彼が対象

にしたのは，米国の幼稚園と小学校1，2年生の教室であるため，その知見を日本の国語科にそのまま当てはめることはできない。しかし，Sipe（2008）が明らかにしたことを踏まえれば，日本の国語科においても教師の「励まし導く」役割について，Raphaelらが提示したモデルとは異なった，生徒との相互作用の中でダイナミックに変化する性質を持つものとして検討する必要があると考えられる。

　もう一つは，指導過程に書く活動をどう位置づけるか，という問題である。読者反応理論が国語科で注目された第1の意義として述べたように，読者反応に基づく読むことの学習指導では，読者がより深く考えるために，また，他者と読みを交流するために書く活動が大切にされてきた。この書く活動の中には，Raphaelら（2002/2012）の訳者である有元（2012, p.31）が指摘するように，これまで日本の国語科の読むことの学習指導で行われてきた，感想文に代表される文章とは全く異なるタイプの文章を書くことが含まれる。その一つが，読んだ文章と同じテーマで新たな文章を書く，または読んだ文章で使われていた技法・形式を模倣して新たな文章を書くなど，いわゆる創作的な文章である（0.3.4で詳述）。これまで日本の国語科で十分に扱ってこなかったとされるタイプの文章を書く活動を指導過程に位置づけることでどのような学習効果が期待できるのか，現時点では，米国のブック・クラブやリテラチャー・サークルの文献の邦訳に止まり，必ずしも国語科の授業の中で十分に検証されていない[5]。生徒が文学的文章を読んだ後，創作的な文章を書く活動を取り入れることでどのような学習効果が期待できるのか，実証的に解明される必要があると考えられる。

　以上，本研究では，読者反応に基づく読むことの学習指導の実践のために，「教師の役割を中心とした教室の読書の支援のあり方」と「指導過程に創作的な文章を書く活動を位置づけることの効果」を明らかにすることを目的とする。

0.2 本研究の理論的枠組み

　読者反応理論は本を読むときに読者に起こっていることを説明した理論の総称である（Tompkins (Ed.), 1980；Evans, 1983；Beach, 1993/1998）。そのため，意味形成における読者の役割をどの程度重視するかも理論家の間で異なる。Sipe (2008) は，この違いを簡潔に整理した（図0.3）。左端の極に位置づく理論家として Poulet (1980)，Fish (1967) の初期の仕事，右端に位置づく理論家として Bleigh (1978)，Holland (1975) を挙げた。加えて，この両極の中間に位置づく理論家として Iser (1978/2005) と Rosenblatt (1938, 1978) を挙げた。

　Iser (1978/2005) は，読書を読者が文章とコミュニケーションする過程として捉え，人間同士のコミュニケーションとの違い，すなわち「対面状況の欠如」(no face-to-face situation) (Iser, 1978, p.166/2005, p.285) に重要な意味を見出した。

　　　同様に，テクストと読者との基本的な非対称（＝対面状況の欠如）は，読書過程でコミュニケーションの作用を起こす空白ととらえられる。すなわち，共通な状況の欠如と共通な準拠枠の欠如は，空白（不確定性）であって，それらは人間同士の相互作用の発生源である偶発性〈no-thing〉とに対応する（Iser, 1978, pp.166-167/2005, pp.286-287）。

　この「空白（不確定性）」(indeterminacy) は，読者が一貫性のある意味を作

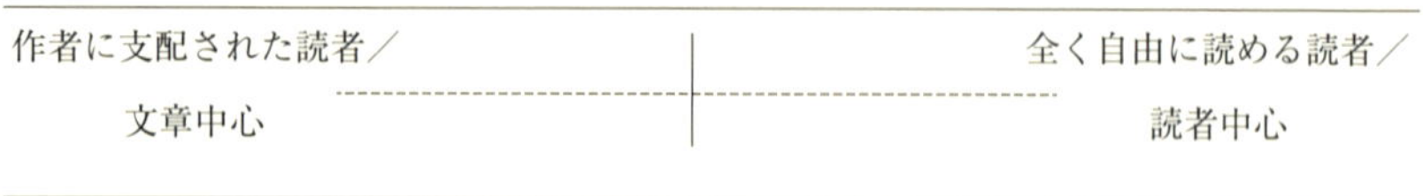

作者に支配された読者／		全く自由に読める読者／
文章中心		読者中心

図0.3　読者反応の連続体[6]

り出すために,自身を「投影」(projection)しながら補填する箇所「空所」(blanks)と,読者の知識や信念,態度に対して修正を迫る箇所「否定」(negation)に分けて説明されている。

> ところで,空所はテクストにおけるさまざまな叙述の遠近法の間の関係を空白のままにしておき,読者がそこに釣り合いを作り出すことでテクストに入り込むようにする働きを持つ。それに対して否定可能箇所は,読者に既知のことあるいは確定的な事柄を思い起こさせ,しかもそれを打ち消すようにする働きをもつ。打ち消されたといっても,それは視界に残り,読者は既知あるいは確定していることに対する態度を修正するように仕向けられる。すなわち,否定によって,読者はテクストに対して一定の位置をとることになる(Iser, 1978, p.169/2005, p.291)。

以上のようにIser(1978/2005)の理論で多様な読みの根拠とされる「空所」や「否定」概念は,人間同士のコミュニケーションと同様,文章と読者のどちらの側にも還元しえないものとして説明されている。上谷(1997, p.57)は,Iserの理論をモデル化する中で,これらの概念を文章と読者の相互にフィードバックするものとして位置づけた(図0.4)。その上で,上谷(1997, p.114)は,国語科教育においてIserの「空所」概念が,あらかじめ文

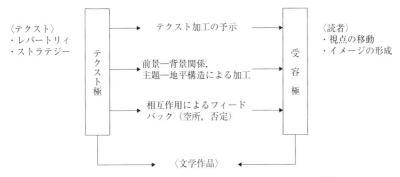

図0.4 上谷(1997, p.57)によるIserの理論のモデル化[7]

章に内在するという捉え方がなされていることを批判した。

　しかし，生徒の読みの実態を捉える分析概念として「空所」や「否定」概念を生かそうと試みた場合，鳴島（1993）や難波（1994）のように，教材分析によって文章に内在する「空所」を見出し，生徒がそれをどう補填するかを把握するより他に方法がなかったと考えられる。上谷（1997, pp.67-68）も個別の教材に即して「空所」や「否定」概念を説明するのみで，これらの概念を生かして生徒の読みの実態を示すことはなかった。つまり，Iser（1978/2005）が提示する諸概念を正確に把握しようとすれば抽象的な理論に止まり生徒の読みの実態を捉える分析概念として生かせず，生徒の読みの実態を捉える分析概念として生かそうとすればIser（1978/2005）が提示する諸概念を正確に把握したことにならない，というジレンマがあったと言える。

　以上の限界をIser（1978/2005）が持つため，意味形成過程における読者と文章の役割をどちらか一方に偏ることなく説明し（Sipe, 2008），日本の国語教育において読者反応が注目される契機となった（上谷, 2002），などの意義は認められながらも，Iser（1978/2005）を生徒の読みの実態を調べる実証的研究の理論的枠組みにすることには無理があると考えられる[8]。

　同じくSipe（2008）によって意味形成過程における読者と文章の役割をどちらか一方に偏ることなく説明したと評価されるRosenblatt（1978, p.16）は，読書を読者が文章を解釈したり文章が読者の反応を生み出したりと「直線的」（linear）な関係で捉えることを批判し[9]，特定の時，場所で生じる出来事として読書を捉えなければならないと主張した。このような出来事としての読むことを説明する中心的な概念が「読者のスタンス」（reader's stance）[10]である（図0.5）。

　　情報を取り出すと喜びを味わうは，世界を認識する二つの方法であり，「科学的」と「芸術的」と要約されることが多い。それぞれ「主に」という語を付したのは，両者が対立すると考えないためである。情報を取り出すスタンスは，事実

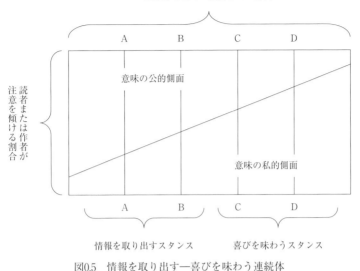

図0.5　情報を取り出す―喜びを味わう連続体

や分析，論理など，意味の量的側面により多くの注意を向ける。喜びを味わうスタンスは，感覚や感情など，意味の質的側面により多くの注意を向ける。しかし，完全に公的とか，完全に私的であることはない。言語による出来事は，全て，これら両方の側面を異なる配分で備えるからである。したがって，読書において最も重要かつ最初に行うべきことは，文章との交流を主に情報を取り出すスタンスで行うか，主に喜びを味わうスタンスで行うかを決めることである。図1は（引用者注：図0.5を指す），情報を取り出す―喜びを味わう連続体の異なる地点において，同じ読者が同じ文章について異なる読みをすることを示す。おそらく他の読者たちは，連続体の異なる地点で読むことになる（Rosenblatt, 2013, pp.933-934）。

　図0.4と図0.5を見比べると分かりやすいが，Rosenblatt（1978, 2013）は，Iser（1978/2005）のように，読書を文章と読者に分けて捉える見方をしていない。加えて，Iserは読書の始まりを「テクスト加工の予示」という文章側に求めたのに対して，Rosenblattは読書の始まりを読者によるスタンス

の選択に求めた。この違いは，読書が特定の状況で行われることを説明可能にした点で重要だと考えられる。例えば，「登場人物やプロットに関するテストが行われる状況で生徒が『二都物語』を読む場合，情報を取り出すスタンスが支配的になり，登場人物やプロット以外の情報が全て排除される」（Rosenblatt, 2013, p.935）読み方がなされることなど，教室の読書についてより説得力ある説明ができると考えられるからである。また，0.1で述べたように，他者と一緒に読むことの意義も Iser（1978/2005）と異なり明確に述べた。加えて，Iser（1978/2005）が提示した概念を生徒の読みの実態を捉える分析概念として用いる試みは十分な成果をみなかったのに対し，Rosenblatt（1978）が提示した概念は，生徒の読みの実態を捉える分析概念として用いられて成果があがっている（Many, 1989, 1994）。

　以上のように，Rosenblatt（1978, 2013）の理論は，教室という特定の状況で行われる読書の原理として説得力を持ち，実際に生徒の読みの実態を捉える分析概念として生かした先行研究もあるのだが，本研究の目的を達成するための理論枠組みとしては十分でないと考えられる。つまり，教室の読書の原理としては Rosenblatt の理論は説得力を持つが，教室における読者の読みを教師やクラスメイトとの関係で検討するための理論にはならないと考えられる。教室の読書は，読者が一人で読むのではなく教師やクラスメイトと一緒に読む点に特徴がある。Rosenblatt（1978, 2013）は他者と一緒に読むことの意義は述べているが，教室で他者と一緒に読む読書の特徴や，その構成要素を具体的に説明する作業は行っていない。

　これまで読書研究の代表的な学会である国際リテラシー学会では，様々な読書理論や読書モデルが発表されてきた。代表的なものについては，「理論的モデルと読書の過程」に収録され，現在，第6版まで刊行されている[11]。どの版も収録されている論文や構成の仕方が異なっているのだが，第5版では読者反応に関する部分が独立して設定され，そこに5本の論文が収録されている[12]。その中に力量のある言語教師に関する研究を継続して行ってきた

Ruddell & Unrau（2004a）による論文「読者の目的と発達する動機に焦点を当てた応答的な指導の役割」がある[13]。また，同版には，同一著者らによる「意味構築過程としての読書：読者，文章，教師」が収録され（Ruddell & Unrau, 2004b），第6版にもこの読書モデルの修正版「動機づけられた意味構築過程としての読書：読者，文章，教師」が収録されている（Ruddell & Unrau, 2013）。本研究では，彼ら自身が自己の論文を読者反応に関する論文として位置づけ，論文中でRosenblattの理論にも言及したRuddell & Unrau（2004a, 2004b, 2013）の読書モデルを理論的枠組みとする。Rosenblattの理論と異なり，読者が教室で本を読むという状況が教師やクラスメイトとの関係も含めて簡潔なモデルに示されているからである。

　Ruddell & Unrau（2004a, 2004b, 2013）は，教室の読書を，読者が文章を読んだ後，自分の解釈について教師やクラスメイトと話し合い，一貫性のある意味を作り出す意味交渉過程として特徴づけた（図0.6）。

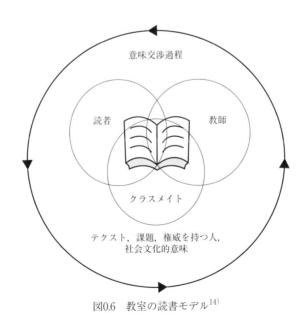

図0.6　教室の読書モデル[14]

図2（引用者注：図0.6を指す）は，教室の意味交渉過程を表す。三つの重なり合う円は，意味交渉過程において教師，読者，教室共同体（引用者注：クラスメイトを指す）が相互に作用する性質を示す。しかし，開いた本で示しているように，対話の根拠となる文章とも重なり合うことに注意しなければならない。このように意味は文章それ自体が運ぶものではない。むしろ意味は文章との交流から生まれる（Rosenblatt, 1978, 1985）。この意味交渉過程において，読者は自分の解釈を持ち込み，教師は自分が物語と読書過程について理解したことを持ち込む。教室にいる読者たちは，文章と相互作用し，意味を形成し続けていく（Ruddell & Unrau, 2004b, p.969）。

Ruddell らは読書モデルを構成する基本要素を説明した上で，教室の読者が読む文章は印刷された文章（モデルで言えば開いた本）に限らないと述べた。それが，三つの重なり合う円の下に書かれた項目である。すなわち，読者は，今読んでいる文章以外のこれまでに読んできた文章（テクスト），どのような課題が与えられたか，教師は誰の解釈を評価するのか，発話交替の順番や質問 - 答え - 評価の発話パタンなど教室を支配するルールまで読まなければならないのである。このような特徴を持つ教室の読書においては，読者だけでなく教師の果たす役割も大きいと彼らは述べる（Ruddell & Unrau, 2013, p.1015）。

以上，本研究では，Rosenblatt（1978, 2013）および Ruddell & Unrau（2004a, 2004b, 2013）を踏まえ，教室の読書を「生徒が文章を読んだ後，教師やクラスメイトと意味交渉し，それを生かして新たな文章を書くことで，一人ひとりが自分なりに意味を作り出す行為」と捉えて，その過程における支援のあり方を追究する。とくに，実際の調査に当たっては，読者が教室で本を読むという状況を教師やクラスメイトとの関係も含めてモデル化したRuddell & Unrau（2004b）を理論的枠組みとする（0.4で詳述）。

0.3　調査研究の成果と課題

　読者反応に関する調査研究の起源は，大学生の詩に対する反応を調べた Richards（1929/2008）に求めることができる（Marshall, 2000, p.389）。彼の研究以後，読者の書き言葉による反応をコーディングし，カテゴリー化するという方法が一般的になった。このアプローチの到達点は，多様な書き手（米国，英国，ドイツ，ベルギーの生徒，教師，批評家）の反応を全118の要素に分類して体系化した Purves & Rippere（1968）に見出すことができる。

　Roser, Martinez, & Wood（2011, p.264）によると，初等中等段階における生徒を対象にした調査研究が本格化したのは，1970年代である。同一著者らがほぼ10年おきに，この領域に関する研究のレビューを行っており（Martinez & Roser,1991, 2003），現在まで多様な観点から調査が行われてきたことが分かる。彼女らがこの領域の研究をレビューする時に採用している枠組みが，文章，読者，文脈のいずれに焦点を当てているか，というものである。例えば，ファンタジーとリアリズムでは読者の反応がどう異なるか（文章），読者の年齢によって同じ文章に対する反応がどう異なるか（読者），文学的文章に対する生徒たちの話し合いを教師はどう支援するか（文脈）などである。

　日本の国語科では，山元（1990）が先駆的に，小学生1年生から6年生の「きつねの窓」に対する反応を調査している。その後，取り上げる文学的文章の違いも考慮しながら，生徒の反応がどう発達していくかを中心的な課題として調査研究が行われた[15]。2000年以降は，「より具体的な学習の文脈における読者反応の多角的な把握と分析」（住田，2013a, p.223）が目指され[16]，Roser らの枠組みで言えば，文章と読者に焦点を当てた研究から文脈に焦点を当てた研究に推移したと言える。

　以上を踏まえ，本研究に関わる個別の研究を取り上げて概観する。その

後，それらの研究に残された課題を指摘し，本研究の意義を述べる。まず，文章や読者から文脈へと研究の焦点が推移し現在に至る動向について，研究方法の推移に着目して概観する（0.3.1）。次に，「生徒の文学に対する反応の発達上の性質を理解するための先駆的取り組み」（Martinez & Roser, 2003, p.803）と評価される Applebee（1978）を取り上げて概観する（0.3.2）。その時，必要に応じて，日本で「発達を遂げる読者としての学習者の読みのすがたをとらえる力強いモデルを提案」（住田，2013a, p.217）したと評価される山元（2005）も検討する。その後，文脈に焦点を当てた調査研究として高く評価される Sipe（2008）を取り上げて概観する（0.3.3）[17]。その時，必要に応じて，日本で文脈に焦点を当てた調査研究として評価される寺田（2012）も取り上げて検討する[18]。これら読者と文脈に焦点を当てた研究をそれぞれ検討した後，本研究の目的である指導過程に創作的な文章を書く活動を位置づけることの効果を探るために，とくに物語創作に着目して，その意義や指導方法，生徒の物語創作能力を検討する（0.3.4）。最後に，先行研究に残された課題を指摘し，本研究の意義や特色を述べる（0.3.5）。

0.3.1　研究方法の推移からみた調査課題の変化

研究方法の推移は，何を読者反応として捉えるかという対象の推移と対になる。書き言葉を読者反応としてみれば，生徒が書いた文章を何らかのカテゴリーに基づいて分析することになり，話し言葉を読者反応としてみれば，IC レコーダーなどで生徒が話した内容を記録し，そのトランスクリプトを分析することになる。非言語表現まで読者反応としてみる場合は，音声だけでなく映像まで記録する必要があり，実際に生徒が読書する姿を観察することが求められる。

全体的な傾向としては，米国か日本かを問わず，(1)書き言葉を対象にした分析（Purves & Rippere, 1968；山元，1992），(2)3，4 人の生徒が文学的文章について話し合う場面を設定し，そのトランスクリプトを分析する方法（Gal-

序章　本研究の目的と方法　　15

表0.1　Purves & Rippere（1968）による読者反応を分析するカテゴリー[19]

カテゴリー	定義
1．作品への没頭	書き手が作品世界に入り，その経験を書いた文章
2．作品の理解	書き手が作品世界を自己の世界と区別し，論理的客観的に分析分類した文章
3．作品の解釈	作品の理解した事柄について，自分が持つ知識や先行経験と関連づけて意味づけた文章
4．作品の評価	他の三つのカテゴリーに基づき，なぜその作品が良い／悪いと考えたのかを述べる文章

da, 1982；藤井，1998），(3)授業中の読書など，自然な状況下で生じた読者反応を記述する方法（Hickamn, 1979, 1981；Sipe, 2000, 2008；寺田，2002, 2003, 2012）に推移したとみることができる。

　以下，このような方法論上の変化を概観する。

　大学生の詩に対する反応を分析したRichards（1929/2008）以降，その方法論に着目した最初の研究は，Purves & Rippere（1968）である。彼らは，構造主義など一つの理論に拘泥することなく，多様な書き手（米国，英国，ドイツ，ベルギーの生徒，教師，批評家）が文学作品について書いた文章を全118の要素に分類して体系化した。これらの要素は，四つのカテゴリー（「作品への没頭」（engagement-involvement），「作品の理解」（perception），「作品の解釈」（interpretation），「作品の評価」（evaluation））に大別される（表0.1）。これら四つのカテゴリーのもと体系化された要素は，現在まで最も詳細で洗練された書き言葉による反応を分析する枠組みである。しかし，まえがきでSquire, J. R. が指摘するように，書き言葉による反応として考えられる要素が包括的に体系化されているがゆえに，実際，生徒の書き言葉による反応を分析する時には，かえって使いにくい部分があると考えられる。

　日本の国語科教育において調査を行った山元（1992）は，「注文の多い料理店」（宮澤賢治）を10の場面に分け，生徒が文章を読み進める過程で「感じたこと・考えたこと・思ったこと」を書かせるという方法を用いた。

16

表0.2 山元（1992）による読者反応を分析する3種のカテゴリー[20]

反応の焦点	反応行為	構え
A 登場人物	a 対象を認識する	1. 外側に立ち，構想に参入する
B 物語の進行	b 対象をもとに類推する	2. 内側に立ち，構想の中を移動する
C 設定	c 対象に同調する	3. 後ろに下がり，知り得た事を再考する
D 状況	d 自己の内側にあるものを表出する	4. 外側に立ち，経験を客観化する
E 読みの経験	e 対象を価値づける	
F 表現		
G 作者		
H 無反応		

Purves & Rippere（1968）と同じく書き言葉を対象にしているものの，彼らが読書の結果としての反応を対象にしたのに対し，山元（1992）は読書過程における反応を対象にした点で異なる。この違いは，「読後の感想を求めれば子どもたちは一様にその『おもしろさ』に言及する対象であっても，反応の過程においては（中略）多様なテクスト受容の姿を伺い知ることができる」（山元，1992，p.33）ことを明らかにした点で重要な方法論上の変化だったと考えられる。とくに，書き言葉を分類するカテゴリーとして用いた3種のうち（表0.2），「構え」は，もともと Langer（1990）が話し言葉による反応を分析するために考案したものである。話し言葉を分析する方法を書き言葉の分析方法に応用することで，読書中のダイナミックな読者反応を捉えようとした先駆的な研究だったと位置づけることができる。

　Galda（1982）は，小グループの話し合いにおける生徒の読者反応を検討し，Purves & Rippere（1968）のカテゴリーを分析方法として用いることの問題点，書き言葉による反応のみを対象とすることの問題点を明らかにした。彼女は3人の小学5年生が二つの現代小説について話し合った場面のプロトコルを Purves & Rippere（1968）のカテゴリーの修正版を用いて分析

し，次のことを明らかにした[21]。すなわち，3人の中で「没頭」，「理解」，「解釈」，「評価」という四つのカテゴリーにわたってバランスよく反応した生徒 Emily と Charlotte の方が多様なアプローチで文章に反応できたと評価できそうだが，実際には「解釈」のカテゴリーに集中して反応した Ann の方が文章を深く読んでいたと Galda（1982, p.6）は指摘する。Ann の反応が「解釈」に集中した理由は，作品世界が自分の考える虚構世界や現実世界と一致しないと否定的な評価を下す他の二人に対し，その否定されている箇所を正当化し反駁するためだったのである（同, p.7）。Galda（1982）は，字面上「解釈」に分類される反応であっても文脈から見ると作品の「評価」の意味を持つ場合があること，つまり，読者反応が生じた文脈や意味を検討することの重要性を提起したと言える。加えて，他者の影響を受けるという話し言葉による反応の特徴を明らかにしたことで，教室の読書を検討する時に書き言葉による反応のみを対象にすることの限界を示したと言える。

　Hickman（1981）は，幼稚園から5年生までの教室で参与観察を行い，教室という社会的場で生じる読者反応を検討した先駆的研究として評価される（Roser, Martinez, Wood, 2011, p.264）。彼女は，これまでの研究が実験的な環境で生徒の反応を捉えていたため，長期間にわたる連続的・持続的な反応でないことに加えて，生徒の自発的な反応でないこと，言葉による反応に限定されていたことなどを問題とした。このような問題意識に基づき，エスノグラフィーの方法を用い，これまで見過ごされてきた様々なタイプの読者反応を明らかにした（表0.3）。Hickman（1981, pp.347-348）が日誌から様々なエピソードを提示したように，教室の読書では，本について発見したことを自発的にクラスメイトと語り合うこともあれば，『かいじゅうたちのいるところ』（Sendak, 1963/1975）を読んだ後，クリスマス会でかいじゅうダンスをやるために数か月に渡りその本を読み続けることもある。このように，エスノグラフィーの方法を用いたことで，これまでの研究がどの程度，生徒の読者反応

表0.3　Hickman（1981）が明らかにした様々なタイプの読者反応[22]

カテゴリー	内容
(1)聴く行為	姿勢，笑いと称賛，感嘆と繰り返しへの参加
(2)本との接触	拾い読み，熱心な関心を示す，本を手に持つ
(3)共有しようとする行為	一緒に読む，発見の共有
(4)話し言葉による反応	再話・お話を語る，主張的な発言，自由な発言
(5)ものを作る	絵とそれに関連した作品，立体的な作品と構築，その他の作品（ゲーム，ディスプレイ，コレクション，調理法など）
(6)書く	言い直しと要約，文学について書く，意図的に文学的モデルを使う，知らないモデルと資源を使う

の実態に迫ることができていたかという問題を提起し，現在，主流になっている教室の読書という文脈の中で生徒の反応を捉える方法を先駆的に示したと評価できる。ただし，山元（2005, p.495）は，Hickman（1981）の研究方法について，「個々の教室での指導はそれぞれの教師のパーソナリティや力量等に左右される部分は大きく，フィールドワークのなかでそのような条件を十分に考慮しないと，子どもの反応を捉えそこなうおそれは常に存在する」と注意を喚起する[23]。

0.3.2　加齢による読者反応の発達

Applebee（1978）は，発達上の契機が，与えられた情報について理解する「これは〜である」（what is）（p.108）という感覚から，「与えられた情報を超えて『これは〜かもしれない』（what might be）という感覚に向かう能力」（p.118）の獲得にあると主張した。ここで彼が言う「これは〜かもしれない」という感覚は，作品を通して作者が伝えたいメッセージや世界観の吟味を意味し，具体的には，分析や一般化を伴う反応を指す（Applebee, 1978, p.120）。こうした反応が認められたのは，彼の調査では13歳からであり，6歳と9歳の子どもにはほとんど認められていない。一方，13歳と17歳の間でもこの能力の獲得の程度には違いがあった。例えば，ある一部分ではなく全体の構造

や主題を踏まえて一般化したり，自分の世界観にもとづいて作者の世界観を検討したり，などの反応が認められたのは，17歳では80%であったのに対して，13歳では20%であった（Applebee, 1978, p.113）。Applebee（1978）は，以上の調査結果に基づき，Piaget, J. の発達理論に依拠して各学齢における特徴的な反応を整理した（表0.4）。それぞれの段階で客観的な反応と主観的な反応を区別して整理しているが，具体的操作期では，未だはっきりとした主観的客観的反応の区別は認められず，この区別が鮮明に現れるのは形式的操作期Ⅰ以降と述べた（Applebee, 1978, p.124）。

　一方，山元（2005）は，Applebee（1978）が主張した9歳と13歳の間に認められる反応の性質の違いについて，小学校5，6年生および中学1年生（10～13歳）を対象に調査して，より詳しい知見を得た。山元（2005）は，Applebee（1978）の言う一般化を行う反応について，その前段階として見られるとりたて詞「でも」を用いた反応に着目して，学齢が上がるにつれて，より抽象的な表現を用いるプロセスがあると指摘した（山元，2005，p.568）。加えて，Applebee（1978）が形式的操作期Ⅰにみられる特徴とした，推論による理解についても，小5，小6，中1の間では大きな差があることが分

表0.4　読者反応の発達段階[24)]

思考様式	特徴的な反応	
	客観的	主観的
前操作期 （2～6歳）	一部，あるいは全ての語り直し	一貫性の欠如
具体的操作期 （7～11歳）	要約と分類	文章に根拠を求めた分類
形式的操作期Ⅰ （12歳～15歳）	物語構造や登場人物の動機の分析，推論による理解	物語世界との同化，作品との結びつきの自覚
形式的操作期Ⅱ （16歳～成人）	作品の一般化；主題や視点の検討	作品を通して得たものとそうではないものの自覚；読者自身のものの見方への影響

かった（山元，2005，p.570）。以上の調査結果を踏まえ，山元（2005）は，一般化や推論を伴う反応が6年生（11歳）を境として優勢になると結論づけた（山元，2005，pp.581-582）。

Applebee（1978）と山元（2005）の知見を踏まえれば，「読者反応の発達」のポイントが，推論や一般化，「与えられた情報を超えて『これは～かもしれない』という感覚に向かう能力」の獲得にあることが分かる。彼らの研究によると，小学生の段階では，これらの能力を十分に獲得していない場合が多いようである。そこで本研究では，文学的文章を対象にした教室の読書の様々な側面を追究するために，これらの能力を獲得していると考えられる中学生を対象に調査を行っていく。

0.3.3 教室の読書における読者反応の特質

Sipe（2008）は，幼稚園から小学2年生までを対象にした絵本の読み聞かせ場面を観察し，教室における文学理解の五つの側面を表0.5（原文では表9.1）に示した。あわせて教室の読書のダイナミズムを表すために図0.7（原文では図9.1）を示した。生徒が絵本の読み聞かせを聞く時，三つの文学的衝動に突き動かされるとし，五つのカテゴリーを(1)「文章を理解したいという衝動」（The Hermeneutic Impulse），(2)「物語を私物化したいという衝動」（The Personalizing Impulse），(3)「芸術によって自己を解放したいという衝動」（The Aesthetic Impulse），以上三つの衝動に分けた。図0.7の矢印は，三つの衝動が個々に独立して回転することを示す。つまり，二つか三つのインパルスが重なり，その結果として子供の反応が生まれる場合があることを矢印は示す（Sipe, 2008, p.194）。

参考に，五つのタイプの読者反応が全て現れたトランスクリプトを表0.6に示す[25]。このプロトコルからは(1)市販の本を教材として用いた，(2)読み聞かせの途中で生徒が自由に反応することを承認した，(3)時々，生徒の分析的な反応を促す問いかけを行った，など教師による工夫が認められる。Sipe

序章　本研究の目的と方法　　21

表0.5　文学理解の五つの側面：理論的モデル[26]

反応のタイプ	A. スタンス 生徒が文章と自分の関係をどう位置づけるか	B. 行為 生徒が文章で何をするか	C. 機能 文章がどう機能するか
1．分析的 （Analytical）	文章内で	分析	文章をモノとして扱う
文章をモノや文化的制作物として扱う。生徒は文章内に止まり，分析的なスタンスを反映させて発言する			
2．間テクスト的 （Intertextual）	文章間にわたり	関連づけ	「文章」（texts）を「文脈」（context）として扱う
今読んでいる文章を他の文化的制作物と関連づける。文章は他の文章との関係性の中で見なおされ，相互に関連し合った文脈（contexts）におけるマトリックスの一要素として働く。			
3．個人的 （Personal）	文章から／文章へ	私物化	文章を刺激として扱う
文章を自分の生活と関係づける。自分の生活から文章に向かう場合もあれば文章から自分の生活に向かう場合もある。文章は個人的な関連づけをするための刺激として働く。			
4．率直な （Transparent）	文章を通して	文章との一体化	文章を自分のアイデンティティとして扱う
物語世界に入り，その一員になる。一時的にせよ，物語世界と生徒の世界が一体となる。			
5．行為遂行的 （Performative）	文章上で	表現や「宣言」（signify）を行う	文章を「踏み台」（platforms）として扱う
文章世界に入り，自分自身のためにそれを操る。文章は生徒が自己表現するための踏み台として機能し，カーニバル的遊びの場となる。			

（2008）が幼稚園から低学年の生徒を対象としながらも，多様で豊かな読者反応が見出された理由は，優れた教師による読み聞かせ実践を対象にしたことが大きいと考えられる。

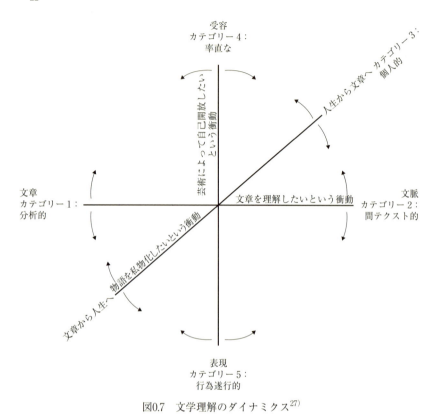

図0.7 文学理解のダイナミクス[27]

　Sipe（2008）は，生徒の多様な読者反応を引き出す教師の役割は五つあると述べた（表0.7）。参考に，教師の役割が全て出たプロトコルを表0.8に示す[28]。これら一つひとつの役割が，子供たちが文学を深く理解するための「支援」（scaffolding）となったことをSipe（2008, pp.205-216）は詳しく考察した[29]。加えて，Sipe（2008）は，これら五つの役割に当てはまらない，全く異なるスタイルをとる教師がいたと報告した。伝統的な「物語の語り部」（story-telling）の技法を用い，絵本に書かれていないことをどんどん創造し，また，子供たちにも積極的に物語を再創造させるというスタイルであ

序章　本研究の目的と方法　23

表0.6　五つのタイプの読者反応が出た読み聞かせ場面のプロトコル[30]

発話番号	発話者	発話内容	反応のタイプ
10番目の見開き―右頁は，踊る Grace の八つの異なった姿の挿絵			
100	教師	[本文を読む：Amazing Grace 本文は斜体] バレエが終わった後，Grace は Juliet の役を自分で演じた。Tutu を着た自分を想像して部屋で踊った。「私がしたいこと，なんだってできる」と彼女は思った。	
101	Gordon	はいはい，だよね [小声で皮肉を込めて]	4．率直な反応
102	Julie	私の姉もバレエやってた	3．個人的な反応
103	Terry	バレエ，バレエ！ [歌い，体を前後に揺すりながら]	5．行為遂行的な反応
104	教師	なぜ Grace の挿絵がたくさんあるのだと思いますか？	
105	Sally	そうしたかったから	1．分析的な反応
106	Julie	彼女は様々な動きを練習してる	1．分析的な反応
107	Sally	彼女がどう動くのかを見せたかった	1．分析的な反応
108	Gordon	これとこれ同じ [上の挿絵と下の挿絵を指しながら] いや，微妙に違う	1．分析的な反応
109	教師	たしかに似てますね	
11番目の見開き―Grace が級友の前でダンスしている挿絵			
月曜日，配役を決めるオーディションの日だった。Grace が Peter の役を演じる時，彼女はどう振る舞い，何を言うべきか，全て分かっていた。週末，ずっと練習したのだ。深呼吸し，自分が飛んでいるところを想像した。投票の時，皆は Raj を Captain Hook，Natalie を Wendy に選んだ。そして誰が Peter をやるべきなのか疑いの余地はなかった。全員が Grace に投票した。「あなたって本当に素敵！」Natalie は言った。			
110	Gordon	Grace，あぁGrace，君って最高！ [高い裏声で]	5．行為遂行的な反応
111	Terry	秘密を教えてあげる [教師に]。でも誰にも言わないで [小声で]　僕，家でバレエをやるのが好きなんだ	3．個人的な反応
112	教師	あぁ良いじゃない，バレエは楽しいわ	
12番目の見開き―左側の挿絵は Peter Pan の衣装を着た Grace。右側の挿絵は Grace，お母さん，お祖母さんの顔写真			
113	Sally	私が知ってるどの Peter Pan とも違う	2．間テクスト的な反応
114	Terry	うん，なんか Joker みたいだ	2．間テクスト的な反応
115	教師	劇は大成功に終わり，Grace は素晴らしい Peter Pan を演じた。　劇が終わった後，「家まで飛んで帰れそう」と Grace は言った。	
116	話者不明	[飛行機が落ちるような口笛を吹く]	5．行為遂行的な反応
117	Gordon	[もどかしそうに] なぜ，誰が Nana (引用者注：Grace のお祖母さんの名前) で，誰がそうじゃないか矢印で示さないの？	1．分析的な反応
118	Sally	必要ないわ。だって Mama が若くて，Nana が歳とって見えるじゃない [まず Grace の右上の顔写真を指し，次に左上の顔写真を指して]	1．分析的な反応
119	教師	Grace の級友たちは，誰が Peter Pan をやるべきか，考えを変えたと思いますか？	
120	Terry	うん，僕も Peter Pan やりたい。プリーーーズ！	5．行為遂行的な反応
121	Sally	なぜなら Grace がそのことを頭に思い描いたから。だから彼女が選ばれたんだと私は思う。	1．分析的な反応

24

表0.7　生徒の多様な反応を引き出す教師の役割[31]

役割	内容
1．読者	物語の言葉を，書誌情報やカバーの折り返しまで含めて読み，物語の案内人として振る舞う。
2．責任者と励ます人	生徒を呼び寄せたり，騒ぎを静めたりする。また，生徒の注意を物語の何かや他の生徒の発言に向けたり，生徒の発言を褒めたりコメントしたりするなど，話し合いを調整する。
3．明らかにする人，あるいは探る人	生徒同士の発言を相互に関連づける。また，生徒により多くの説明を求めたり，すでに生徒が答えを知っている質問や一般的な質問を投げかけたりする。
4．共に探究する人，あるいは思索家	生徒と同じ立場に自分を位置づけて，一緒に探究したり，創造的行為に携わったりする。
5．拡張する人，あるいは洗練する人	話し合いにおいて，教えるべき瞬間を見つけて新しい概念や解釈を紹介し，生徒の思考を持続させたり拡張したりする。グループの反応を要約して，話し合いを収束させる。一般化するために，生徒が知っていることを思い出させる。

る。Sipe（2008, p.223）は，このスタイルをとる教師がいたことにより，他の教師による絵本の読み聞かせに必ずしも十分に参加できなかった，「経済的にめぐまれない」（lower-socioeconomic-status）アフリカ系アメリカ人の幼稚園児たちが，多様で豊かな読者反応を示すことができたと指摘した。

　以上，Sipe（2008）を取り上げて，教室の読書の読者反応の特質を概観した。彼の研究は，教室の読書を調べる時，次の３点が重要であることを示唆する。第１に，教室の読書は，教師の役割や指導スタイル，どのような支援を行ったかまで含めて検討しなければならない。第２に，教室の読書は，単なる文章の理解を超えた生徒の表現や創造まで含めて検討しなければならない。第３に，生徒の読者反応や教師の役割を静的なものではなく，動的なダイナミックな姿において検討しなければならい。

0.3.4　指導過程に物語創作活動を取り入れる意義

　Sipe（2008）は，読者による物語の再創造を大切にしたと考えられる。な

序章　本研究の目的と方法　　25

表0.8　教師の役割が全て出た読み聞かせ場面のプロトコル[32]

発話番号	発話者	発話内容	教師の役割
13番目の見開き―絵だけのページであり，Max と4匹の怪獣が両手で木にぶら下がっている。背景は薄い青色			
100	教師	このページからどんなことを考えましたか，ジョーイ？	3．明らかにする人，あるいは探る人
101	Joey	サルみたいにぶら下がってる	
102	話者不明	キキ，キキ，ウキキ［サルのなき声］	
103	Julie	ジャングルジムみたい	
104	教師	なるほど，木がジャングルジムみたいですか？	2．責任者と励ます人
14番目の見開き―次の絵だけのページであり，Max と5匹の怪獣が一列になって歩いているか踊っているかしている。Max は怪獣の背中にまたがっている。背景は濃い緑と黒			
105	教師	そして次の夜	3．明らかにする人，あるいは探る人
106	Kenny	自分で物語を作れるよ！	
107	教師	たとえページに言葉が書いてあっても，自分で物語を作って良いんですよ	5．拡張する人，あるいは洗練する人
108	Joey	頭の中で言えるよ	
109	Krissy	［馬鹿にして］脳みそは話せない	
110	Terry	言葉を使って頭で考えることはできるよ	
15番目の見開き―Max はストライプのテントの中の三脚椅子に座り，退屈しているか物思いにふけっているように見える。3匹の怪獣が彼のそばでまどろんでいる。一番左端の怪獣の目が半分開いている。			
111	教師	「とまれ！」マックスは言って怪獣たちを夕食抜きでベッドにやった。全ての怪獣の王様マックスは，孤独で彼のことを誰よりも愛してくれる人の所にいたかった。その時，世界の遥か彼方から美味しい匂いがしてきて，彼は怪獣達の王であることをやめた。［子供たちも一緒に読んだ］	1．読者
112	Joey	ビグラー先生，ちょっと，この怪獣，眠ってるはずなのに目が開いている	
113	Gordon	鼻が大きくて，なんか太ってる！	
114	教師	もしかしたら，この怪獣はちょっと疲れてて，完全には眠ってなかったのかもしれません。	4．共に探究する人，あるいは思索家
115	Krissy	それかこの怪獣，歳とっているように見えるから退屈してたのかも	

ぜなら，彼が自身の理論（表0.5；図0.7）と Rosenblatt（1978）の交流理論を関連づける中で，読者が教室という公の場で行う創造的な表現行為（行為遂行的な反応）がこれまで注目されてこなかったことと，その教育的意義を主張したからである（Sipe, 2008, p.192）。

生徒が行為遂行的な反応を示す意図は，教師や文章から支配権を奪い取ることにあり，ユーモアや悪ふざけの性質を持つ。Sipe（2008）は次の事例をあげた。

> 「3匹のくま」（The three bears）（引用者注：Galdone, 1972/1975）を読んでいるとき，Goldilocks の前歯がない挿絵を指さして，「たぶんまさにここで彼女は顔面にパンチされた！……たぶん Kenny がパンチした！」と反応した Joey。この反応に対してクラスメイトが喜び，教室が騒然となる（Sipe, 2008, p.175）。

教師による読み聞かせの途中，生徒 Joey が物語の登場人物 Goldilocks の前歯が欠けた挿絵を見て，彼女の歯がクラスメイト Kenny にパンチされたために欠けたという解釈を加えて，物語を拡張・創造した事例である。

このような生徒による自発的な物語の拡張と創造は，Sipe（2008）が観察した小学校低学年だけでなく，より上の学年（中学2年生）でも観察されている（Many, 1994）。Rosenblatt（1978）が「喜びを味わうスタンス」という概念で提起したように，読むことに伴う大切な側面だと考えられる。しかし，日本の国語科の授業では，学年が上がるにつれて，生徒が文学的文章を読んだ後，創造的な反応を自発的に示すことが難しいことを示唆する実証的研究がいくつかある（住田・山元ほか，2001；塚田，2003）。その一因は，塚田（2003, p.68）が指摘するように，文学的文章を読んだ後にはこういう反応を示せば良いという固定観念が日々の授業によって形成されることにあると考えられる。このような可能性に顧みた場合，生徒自身による物語創作を学習活動として意図的に設定することが効果的だと考えられる。

そもそも読者反応に基づく読むことの学習指導では，生徒による物語創作を最終的なゴールとして設定した実践が複数報告されてきた[33]。「テーマ単元」（focus units）の実践を継続して行ってきた Moss（1984, 1990, 1995）は，Rosenblatt（1993）に依拠して，きつねをテーマにした単元の実践報告をした（Moss, 1995）。彼女の実践は，最終的なゴール「生徒自身がオリジナルの

序章 本研究の目的と方法　27

図0.8　Moss（1995）による生徒の物語創作をゴールにした授業実践の概要[34]

きつね物語を作る」に向けて，おおよそ次のような展開で行われた（図0.8）。まず，教師は，きつねが登場する文学的文章のコレクションを紹介し，その中の一つを選び生徒に読み聞かせる。次に，登場人物の類型（ヒーローや悪者，助っ人など），物語の骨格（課題 - 解決），ジャンルの観点から読んだ物語を分析し，教室全体で共有するチャートと個々人で管理するジャーナルに分かったことを記録する。その後，一人または小グループで本を選んで読む。読んだ本について，先に挙げた観点から分析し，小グループまたは教室全体で分かったことを共有してチャートに追加していく。先に読んだ本と今読んでいる本の共通点や違いも分析する。この活動を繰り返し，生徒は，きつねに関する物語の一般化した理解（例えば，伝統的な物語では多くの場合きつねが悪者として描かれ，現代の物語では良いきつねとして描かれることもある，など）に到達する。これを踏まえて，自分でどのようなきつね物語を作りたいかを考えて創作する。これまでプロの作家が書いたきつね物語について行ってきたのと同様，創作した物語について小グループやクラス全体で登場人物の類型や物語の骨格構造，ジャンルなどの観点から分析する。

　Moss（1995）が報告した実践は，生徒が複数のきつね物語を読む経験を通して，一つの文章を他の文章との関係の中で分析し，作者がどのようなねらいで新たなきつね物語を創作したかまで検討している。その後，実際に作者として自分だったらどのようなきつね物語を作り読者にどう反応して欲しいかを考えて，きつね物語を創作するのである。この実践は，物語創作の活動

を取り入れることで読者の創造的な反応を促すという効果が期待できるだけでなく，複数の文章を比較して読んだ上で物語創作を行ったことにより「作者－文章－読者」の開かれた関係の中で生徒の読み書きの経験を培ったと評価できる。つまり，物語創作活動を指導過程に取り入れることで，読書行為を一人の作者が書いた一つの作品を一人の読者が読むという閉じた関係から（例えば，夏目漱石の「こころ」を精読する授業），作者，作品，読者を他の作者や作品，読者との開かれた関係の中で捉えなおせる意義がある。

　このように一つの文章を他の文章との関係の中において教室の読書行為を検討しようとする試みは寺田（2012）にも見出せる。しかし，彼の教室の読書の定義とモデルを参照する限り，作者の視点が含まれていない[35]。

　　教室で読むという行為は，孤独な読者が孤立した作品と交流する出来事ではない。読者の周囲には現実の他者が存在し，テクストの周囲には差異を生む無数のテクストが持ち込まれる（図1　引用者注：図0.9を指す）。

　前述した，Sipe（2008）や住田・山元ほか（2001），塚田（2003）の調査研究，Moss（1995）の実践を踏まえると，寺田（2012）が示す複数の読者と文章の関係の中に「複数の作者」という視点を加える必要があると考えられる。

　では，生徒はどの程度，物語を作ることができるのだろうか。0.3.2で取り上げた Applebee（1978）は，Pitcher and Prelinger（1963）が2歳から5歳の子どもを対象に「私に物語を話してくれませんか？」と課題を与えて収集した物語を再分析し，「物語を話す」という言語使用がどう発達するかをモデル化した（図0.10）。このモデルは，Vygotsky（1934/2001/2011）が実験によって明らかにした概念発達の段階[36]を踏まえて，子どもが「詩的談話」（poetic discourse）[37]をどう構造化していくかを示している。個々の出来事を関連なくばらばらの状態で話す「散乱」（Heaps）から一つの出来事が次の出

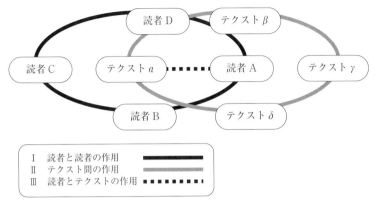

図0.9　寺田（2012, p.6）による教室の読書モデル

来事と関連し，また個々の出来事がそれぞれ中心と関連する「物語」（Narratives）まで6段階ある。この6段階に分けた根拠が「統括」（centering）と「結びつき」（chains）という原理である。これは子どもが話す物語だけでなく，より複雑な構造を持つ「シャーロック・ホームズ」や「リア王」にまで応用できる原理だと彼は主張する（Applebee, 1978, pp.70-72）。

　どの程度，生徒が物語を作ることができるかという問いに関わって重要な点は，真の物語概念に到達している子どもはわずかであるにせよ，詩的様式の談話を用いなければならない課題が与えられた時，多くの子どもは統括と結びつきによって物語を構造化して話したという点である[38]。就学前の子どもですら「リア王」など完成された文学的文章につながる詩的様式の談話を用いることができるという事実は，本研究で対象とする中学生に対して「物語創作課題」（詩的様式の談話を用いなければならない課題）を与えることは能力上，全く問題がないと言える。加えて，Applebee（1978, p.37）は，物語を構造化する力を就学前の子どもが習得しつつあるだけでなく，「昔むかしあるところに…」という物語の始め方や一貫して過去形で文を書くなど，物語の形式に関する慣習的知識も2歳児から習得し始め，加齢と共にその知識が

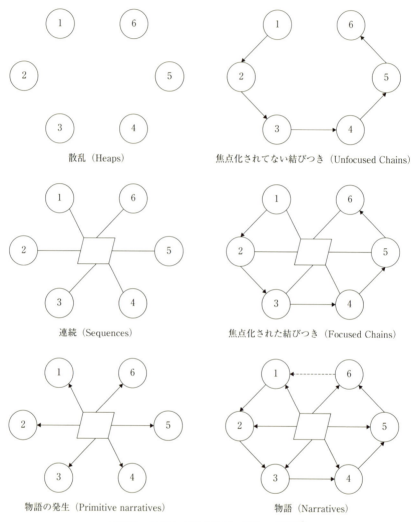

図0.10 子どもが話す物語の構造の発達[39]

増加することを指摘している。また，Applebee（1978, pp.47-51）自ら6歳児と9歳児を対象にインタビュー調査を行い，年齢が上がるほど，例えば，物

語の中できつねはずる賢い役割を担い，妖精は親切な役割を担うなど，物語内容に関する慣習的な知識も増えることを示している。

　以上，物語概念を核に先行する調査の再分析や一次調査を行った Applebee（1978）を踏まえれば，物語を理解することと創作することの間には共通点が多くあることが示唆され，また，中学生を対象に物語創作の課題を与えた場合，これまで読んできた文学的文章から獲得した知識により，かなり高度な物語を創作することが期待できる[40]。

0.3.5　先行研究に残された課題と本研究の特色

　本研究は，数多くある読者反応研究の中でも，Applebee（1978），山元（2005），Sipe（2008），寺田（2012）に多くを学んだが，これらには課題や追究が不十分な点がある。

　Applebee（1978）と山元（2005）は，読者の加齢に伴う典型的な反応を明らかにすることを目指し，物語の再生課題や質問紙の方法を用いた（0.3.2）。そのため，教師やクラスメイトの助けを借りて，より深い理解に到達できるという教室の読書の大切な側面が明らかにされていない[41]。

　Sipe（2008）と寺田（2012）は，これら先行研究の課題を踏まえて行われた。Sipe（2008）は，幼稚園から小学校低学年を対象にした絵本の読み聞かせ場面のフィールドワークを長期間にわたり行い，「グラウンデッド・セオリー」（grounded theory）（Strauss & Corbin, 2008/2012）の方法を用い，教室で生徒が示す反応の多様性を明らかにした。加えて，教師は生徒とどう関わり，そこでどのような「支援」（scaffolding）が行われていたかを明らかにした。データの厚さや分析方法の確かさに裏付けられ提示された5種の読者反応と，生徒の読者反応を支援する教師の5種の役割には説得力がある（0.3.3）。ただし，彼自身が今後の課題として述べたように，幼稚園や小学1，2年生に対する絵本の読み聞かせ場面を対象にしたため，読むことと書くことの関係が明らかにされていない[42]。

一方，寺田（2012）は，一つの文章を他の文章との関係の中で捉える「間テクスト性」（intertextuality）と小グループで文章を読む「小集団討議」（small group discussion）をキーワードに，中学校の国語科を対象に生徒が書いた文章を含めて教室の読書を検討した。クラスメイトの影響により生徒の読みがどう変化したか，そこにどのような学習をみてとれるか，生徒の感想文と教室談話を資料に厚く記述した。ただし，(1)同じく教室の読書を検討したSipe（2008）の方法，(2)0.3.4で検討した，「間テクスト性」概念を国語科の授業に導入する意義からみて三つの課題が考えられる。第1に，分析方法の課題である。寺田（2012）は，特定の生徒の感想文の変化を取り上げ，その間の教室談話をもとに読みが変化した理由を解釈するという方法を用いた。カテゴリー分析や感想文の得点化など量的分析も一部取り入れているが，Sipe（2008）のように，観察から得た教室談話を全てコード化してカテゴリーにまとめる方法に比べ，分析の「信頼性」（reliability）がやや弱いと考えられる[43]。第2に，分析対象とした授業が寺田自身による実践だった点である。これにより，Sipe（2008）が絵本やリテラシー教育に深い理解を持つ優れた教師による生徒への多様な関わり方を明らかにしたのに対し，寺田（2012）は教師の役割についてクラス全体で誰の感想文を取り上げたか，どのような解釈を生徒に提示したかなどに言及するにとどまった。第3に，寺田（2012）の「間テクスト性」概念の授業への導入には，生徒自身が新たな文章を生み出す作者になるという視点が欠けていた点である。0.3.4で検討した，先行する調査研究や実践を踏まえれば，寺田（2012，0.3.4の図0.9）が示す複数の読者と文章の関係の中に，「複数の作者」を加えることが必要だと考えられる。

　以上，先行研究の課題や追究が不十分な点を踏まえて本研究の特色を表0.9に示す。

序章　本研究の目的と方法　　33

表0.9　主要先行研究との違いからみた本研究の特色

- 生徒が自力で示した読者反応だけでなく，教師やクラスメイトの支援のもと示した読者反応まで対象にした
- 生徒の読者反応を話し言葉だけでなく，書き言葉まで対象にした
- 事例の解釈的分析など質的分析方法に加えて，テキストマイニングなど量的分析方法も取り入れて，分析の妥当性や信頼性を高めるよう努めた
- 筆者による実践だけでなく，生徒主体の読むことの学習に関心と理解を持つ熟練の教師による実践を対象にし，教師の役割と合わせて生徒の読者反応を分析した
- 「間テクスト性」概念を生徒が作者になるという点まで含めて読むことの学習指導に導入した

0.4　研究の方法

　Ruddell & Unrau（2004b）の読書モデルに基づき（0.2），五つの調査課題を設定した（図0.11）。ただし，調査課題5のみ，生徒が物語を創作することから出発する学習指導を構想したため，Ruddell らのモデルで説明できない。この点は，本研究のオリジナルな点である。

　本研究で実施した五つの調査は，それぞれ調査デザインと分析方法が異なる（表0.10，表0.11）。調査デザインの特徴的な違いは，調査課題2と3では，教員歴が比較的長い，国語科教諭による「普段通りの授業」の観察だったのに対し，調査課題4と5では，比較群を設けた実験的な授業だった。加えて，調査課題2と3では，生徒の学力と教師の授業スタイルが異なった。調査課題2の学校は，生徒の学力が全体的に高く，教諭は一斉授業の形態で個々人がじっくり考えることを重視した。調査課題3の学校は，「読み書きが苦手」な生徒が多く在籍し，教諭は小グループの話し合いによってお互いの考えを交換することを重視した[44]。なお，調査課題1は，教師として経験の浅い筆者による授業を対象にした。

　分析は，複数の対象と方法を組み合わせる「トライアンギュレーション」

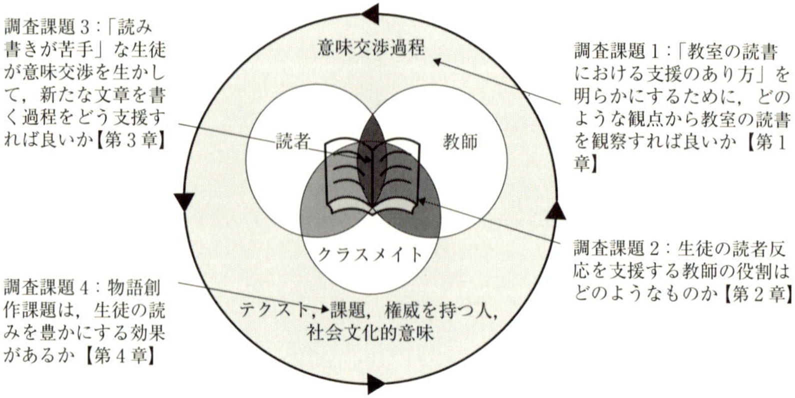

調査課題3：「読み書きが苦手」な生徒が意味交渉を生かして，新たな文章を書く過程をどう支援すれば良いか【第3章】

意味交渉過程

調査課題1：「教室の読書における支援のあり方」を明らかにするために，どのような観点から教室の読書を観察すれば良いか【第1章】

読者　教師

クラスメイト

調査課題2：生徒の読者反応を支援する教師の役割はどのようなものか【第2章】

調査課題4：物語創作課題は，生徒の読みを豊かにする効果があるか【第4章】

テクスト，課題，権威を持つ人，社会文化的意味

図0.11　Ruddellらの読書モデルと本研究で設定した調査課題の関係

表0.10　本研究で実施した調査一覧

調査課題	時期	学校	授業者	学年	時数
1．「教室の読書における支援のあり方」を明らかにするために，どのような観点から教室の読書を観察すれば良いか	2011年 9.8〜11.24	T国立大学附属中学校	筆者	2年	8(2)*
2．生徒の読者反応を支援する教師の役割はどのようなものか	2013年 5.13〜7.10	T国立大学附属中学校	教諭 (教員歴26年)	3年	27(19)
3．「読み書きが苦手」な生徒が意味交渉を生かして，新たな文章を書く過程をどう支援すれば良いか	2014年 11.19〜12.11	A公立中学校	教諭 (教員歴17年)	3年	11
4．物語創作課題は，生徒の読みを豊かにする効果があるか	2014年 5.20〜7.18	T国立大学附属中学校 A公立中学校	大学院生2名 3と同じ教諭と大学院生1名	3年	2×5 クラス
5．まず生徒が物語を創作した後，文学的文章を読む授業は成立するか	2012年 6.26〜7.10	T国立大学附属中学校	筆者	2年	3×2 クラス

*時数の括弧内は分析対象とした授業時数

序章　本研究の目的と方法　　35

表0.11　調査から得た資料と分析方法の一覧

調査課題	資料	分析方法	利点
1	教室談話	事例分析	全ての発話を均一に扱うのではなく，調査課題に合わせて特定の発話に重点をおいて分析・解釈できる
2，3	教室談話	グラウンデッド・セオリー法	特定の分析枠組みに左右されにくく，データに基づいた理論を構築できる
5	教室談話	発話機能によるカテゴリー分析	談話を分析する観点として評価されてきたため，分析結果を他の研究と比較しやすい
1，5	インタビュー	事例分析	教室談話の事例分析と同じ
1	書き言葉による反応	反応の焦点／行為によるカテゴリー分析	対象とする文学的文章の特徴に合わせた分析ができる
5	書き言葉による反応	物語文法によるカテゴリー分析	文章内容だけでなく，文章構造も分析できる
3，4	書き言葉による反応	テキストマイニング（記述量，使用語彙）	コンピュータを使って分析するため，分析者の主観や特定の分析枠組みに左右されることがない

（triangulation）（Flick, 2009/2011）を前提としたが，個々の調査課題に鑑み，話し言葉と書き言葉，質的分析と量的分析の力点の置き方が異なった[45]。調査課題2と3では話し言葉と質的分析をより重視し，調査課題4と5では書き言葉と量的分析をより重視した。具体的な調査の手続きと分析方法については，各章で述べる。

0.5　本研究の構成

　序章0.1では，読者反応に基づく読むことの学習指導の実践に向けた課題を2点指摘し，「教師の役割を中心とした教室の読書の支援のあり方」と「指導過程に創作的な文章を書く活動を位置づけることの効果」を明らかにするという研究目的を述べた。序章0.2では，Iser（1978/1982），Rosenblatt

(1978, 2013)，Ruddell & Unrau（2004a, 2004b, 2013）の読書理論を検討し，本研究が教室の読書をどう捉えるかを定義した上で，調査の枠組みとしてはRuddell & Unrau（2004b）の読書モデルを用いることを述べた。序章0.3では，研究方法の変化，読者反応の発達，教室という文脈における読者反応の特質，物語創作活動，以上四つの観点から調査研究をレビューしたうえで，これら先行研究に残された課題と本研究の特色を述べた。序章0.4では研究の方法，序章0.5では各章の概要をそれぞれ述べた。

第1章では，教室の読書において教師が果たす役割の重要性を示すため，筆者自身が行った「サーカスの馬」（安岡章太郎）を読む授業を分析する。本章で対象とする授業は，教師が「生徒の読者反応を支援する役割」を十分に果たすことができなかったため，生徒一人ひとりが自分なりに意味を作りだすことができなかったと考えられる事例である。この事例分析を通して，どのような観点から教室の読書を観察すれば，「教室の読書における支援のあり方」を明らかにできるかを特定することが本章の目的である。

つづく第2章と第3章では，第1章で特定した観点に基づき，「生徒の読者反応を支援する教師の役割」を明らかにすることを目的とする。第2章では，主に意味交渉過程（クラス全体での話し合い）における教師の役割を明らかにすることを目指す。それに対し，第3章では，「読み書きが苦手」と教師から認識されている特定の生徒に着目し，主に彼が感想文を書くことを通して読みを深めていく過程における支援の実際を明らかにすることを目指す。加えて，第3章では，小グループの形態を中心とした授業を観察したことに伴い，支援者に教師だけでなくクラスメイトも含まれる点が第2章と大きく異なる。

第4章と第5章では，「指導過程に創作的な文章を書く活動を位置づけることの効果」を明らかにすることを目指した。ただし，第4章は，第2章で残された課題を追究する部分もあるため，第1章から第3章の内容と緩やかなつながりを持つ。第4章では，「新しいお話を作る」という学習目標のも

序章　本研究の目的と方法　37

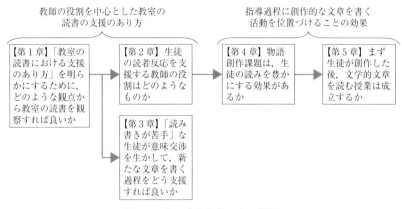

図0.12　第1章から第5章の関係

と物語創作課題を与える授業と「〈読み〉を広げたり深めたりする」という学習目標のもと自由記述課題を与える授業をそれぞれ附属中と公立中の2校で実施し，指導過程に創作的な文章を書く活動を位置づけることの効果を検証する。その結果を踏まえ，第5章では，まず生徒が物語を創作した後，文学的文章を読むという手順の授業を探索的に実践し，その学習過程の記述・分析を行う。第4章とは異なった，指導過程に創作的な文章を書く活動を位置づけることの効果や意義を明らかにすることが目的である。

　以上，第1章から第5章の関係を図0.12にまとめる。

　終章6.1では，各章で得た知見をまとめた後，第1章から第3章で得た知見を総合して「教師の役割を中心とした教室の読書の支援のあり方」について考察し，また，第4章と第5章で得た知見を総合して「教室の読書における物語創作課題の意義」について考察した。終章6.2では，本研究に残された課題を述べた。

【序章　注】

1 ） 例えば，読書における書くことの重要性を実証した研究として Langer & Applebee（1987）と田中（2005），他者と読むことの重要性を実証した研究として佐藤（1996）と Evans（2002）を参照。

2 ） 例えば，米国の読むことの学習指導をレビューした Fisher, Lapp, & Frey（2011）を参照。

3 ） 寺田（2012, p.48）と有元（2012, p.14）を参考に，Raphael, Pardo, & Highfield（2002, p.14）を翻訳引用した。

4 ） Pearson & Gallagher（1983）の修正版である Duke & Pearson et al（2011, p.65）を翻訳引用した。

5 ） 読むことの指導過程に書く活動を位置づけることは，これまでの国語科における読み書き関連学習に関する議論とは全く別ものだと考えられる。本文中で有元（2012, p.31）に依拠して述べたように，生徒に書かせる文章のタイプが全く異なるからである。しかし，以下の手続きで先行研究を検討した結果，ここ20年間は少なくとも国語科において読み書き関連学習に関する研究が低調だという結論に至った。

全国大学国語教育学会（2002, 2013）が編集した『国語科教育学研究の成果と展望』の第 1 版と第 2 版について，目次と事項索引の「読み書き関連」を検索した。その結果，第 1 版ではいずれも該当箇所がなかった。第 2 版では，目次に「読み書き関連」に関する内容はなかったものの，事項索引に「読み書き関連」の項目があり，本文中の 4 か所に「読み書き関連」への言及があることがわかった。

これら 4 か所を参照したところ，梅澤（2005），佐藤（2005），原藤（2007），武富（2008），石丸（2008, 2011），井上（2009）大熊（2010）がレビューされていた。この中，今日の国際的な動向と連動した「読み書き関連」の実践・研究として位置づけられるのは，理論的枠組に認知科学をあげた梅澤（2005）のみだと考えられる。他の論文では，「読み書き関連」の根拠となる学術的な議論への言及が十分ないまま，「読み書き関連」学習の提案や実践報告がなされているからである。

梅澤（2005）では，「ごんぎつね」を教材にした読むことの学習に「映画の台本作成」という活動を取り入れることで，「ごんぎつね」をどう表現し，何を観客に伝えるかという書くことの学習と，自己の読みを対象化し，それを拡

張・深化する読むことの学習が効果的に行われたことが報告されている。読むことと書くことの関連も，認知科学の一研究テーマである「視点」によって説明されている。

6） Sipe（2008, p.50）を翻訳して引用した。

7） 上谷（1997）はこのモデルを「読書行為論モデル」と名づけた。

8） 本研究と同じく Iser（1978/2005）の理論や，この理論を背景に展開した読者論に立つ読むことの学習指導を批判したものとして中村（1990）と塚田（2001）を参照。

9） ここで言う直線的な関係とは，図0.4でいう文章から読者に向かう矢印（「テクスト加工の予示」）や読者から文章に向かう矢印（「前景─背景関係，主題─地平構造による加工」）のような関係だと考えられる。

10） Rosenblatt（2013, p.934）を翻訳して引用した。"efferent stance"，"aesthetic stance" の訳語は山元（2014, p.44）に従った。

11） Singer & Ruddell（Eds.）（1970），Singer & Ruddell（Eds.）（1976），Singer & Ruddell（Eds.）（1985），Ruddell, Ruddell, & Singer（Eds.）（1994），Ruddell & Unrau（Eds.）（2004），Alvermann, Unrau, & Ruddell（Eds.）（2013）を参照。

12） 読者反応に関する論文として収録された5本は，Galda & Beach（2004），Alvermann, Young, Green, & Wisenbaker（2004），Many（2004），Guthrie, Wigfield, Metsala, & Cox（2004），Ruddell & Unrau（2004a）である。

13） Ruddell らの影響力のある言語教師に関する一連の研究は，Ruddell & Haggard（1982），Ruddell, Draheim, & Barnes（1990），Ruddell（1994, 1995）を参照。

14） Ruddell & Unrau（2004, p.970）を翻訳して引用した。

15） 荻原（1996），山元・住田（1996），藤井（2000），住田・山元ほか（2001）を参照。

16） 住田（2013a）がこうした研究として取り上げたのは寺田（2002, 2003）である。

17） Sipe（2008）は，1996年にオハイオ州立大学（The Ohio State University）に提出された博士論文「1，2年生の絵本の読み聞かせに対する反応からみた文学理解の構築」が元になっている。この博士論文は，国際リテラシー学会から優れた博士論文として表彰され高い評価を受けた（Sipe, 1998）。

18） 住田（2013b）を参照。

19） Purves & Rippere（1968, pp. 5-8）を参照して，筆者が作成した。本書の第2

40

章で全ての要素の実例が示されている。各カテゴリー一般として，それぞれ以下の例が示されている（同，p.10）。

　　1．作品への没頭：全体としてはおもしろかったけれど，タイトルは別のものにすべきだと思う。

　　2．作品の理解：物語には6人の登場人物がいて，いくつかの山場，たくさんの象徴があった。

　　3．作品の解釈：この物語の意味がわからなかった。

　　4．作品の評価：これは良い詩だ。

20）山元（1992, pp.28-29）を参照し，筆者が作成した。「反応の焦点」と「反応行為」におけるサブカテゴリーは省略した。山元（1992, p.31）によると，例えば，「二人のしんしは，だいぶんつかれている」という文であれば，「反応の焦点」は「A 登場人物」のサブカテゴリー「A11 紳士の言動」，「反応行為」は「a 対象を認識する」のサブカテゴリー「a3 理解」，「構え」は「1 外側に立ち，構想に参入する」になる。

21）"Beat the Turtle Drum"（Greene, 1976）と "Bridge to Terabithia"（Paterson, 1977/1981）の2作品である。どちらの作品も友情と死について描いている。

22）Hickamn（1981, p.346）を邦訳し，引用した。山元（2005, p.488）がこの箇所を邦訳・引用していたため，参考にした。

23）このようなエスノグラフィーの方法が抱える問題に十分配慮し，生徒の読者反応とそれに関わる教師の役割を明らかにした現在の到達点が0.2.5で検討したSipe（2008）だと考えられる。

24）Applebee（1978, p.124）を翻訳して引用した。

25）Bigler-McCarthy 先生の1，2年生の教室で Amazing Grace（Hoffman,1991）の読み聞かせ場面のトランスクリプトの抜粋である。Sipe（2008, p.87）は，少ない発話数で五つのタイプの反応が全て出たため，この抜粋を選んだと述べた。Amazing Grace は，黒人の女の子が主人公の物語である。Grace は活発な女の子で，学校で Peter Pan の劇をやることになった時，Peter Pan の役に立候補する。しかし，希望者は多く，月曜日にオーディションをして決めることになった。女の子や黒人であることを理由に Peter Pan はできないと級友に言われた Grace は落ち込む。週末，Grace はお祖母さんと一緒に，黒人女性がJuliet の役を務める Romeo and Juliet を観た。感動した Grace は「私がしたいこと，なんだってできる」と思った。月曜日，Grace は，オーディションでPeter Pan の役を立派にこなし，Grace を中傷した生徒も含め全員が彼女に投

序章　本研究の目的と方法　　41

票した。劇は大成功に終わった。

26）　Sipe（2008, p.182）を翻訳して引用した。

27）　Sipe（2008, p.194）を翻訳して引用した。

28）　表0.3と同様 Bigler-McCarthy 先生の１，２年生の教室である。絵本は Where
the Wild Things Are（Sendak, 1963）だった。読み聞かせ途中（主人公 Max
が怪獣たちと怪獣踊りをする場面）のプロトコルの抜粋である。

29）　「支援」（scaffolding）は，Wood, Bruner, & Ross（1976）が提起した概念であ
る。彼らは，この概念を「子どもや初心者が自分の努力だけでは達成が困難な
問題の解決，課題の遂行，ゴールの達成を可能にする過程」（同，p.90）と定義
した。彼らは，３歳，４歳，５歳の30人の子どもを対象に，へこみやでっぱり
のあるブロックを正しく組み立て６層のピラミッドにする課題を与え，執筆者
の一人（Ross, G.）がそれをどう支援するかを観察した。その結果，支援の機能
や支援者の役割として，「１．課題に取り組むことに誘うこと」，「２．課題解
決の過程を単純化すること」，「３．課題の追究を持続させること」，「４．課題
の理解と遂行の間にある相違に気づかせること」，「５．課題の追究に伴うフラ
ストレーションを軽減させること」，「６．課題の解決を実演してみせるこ
と」，以上六つがあることを明らかにした（同，pp.98-99）。また，年齢が上が
るほど，支援者が介入する頻度が減ることも明らかにした（同，pp.94-96）。
　　これまで日本では "scaffolding" が「足場かけ」（今井，2008）や「足場づく
り」（山元，2014）と訳されてきた。ただし，言語教育研究において "scaffold-
ing" を用いた研究のレビューを行った上でこの概念を用いた Sipe（2008,
pp.199-227）は，動詞 "scaffold" として用いたり，人を表す名詞 "scaffolder"
として用いたりしている。加えて，彼が動詞としてこの語を用いている場合，
文脈上，「助ける」（help）や「手伝う」（assist）とほぼ同義だと考えられる。
実際，Wood らの研究でも "scaffolding" の内実として問われていたのは，支
援の機能や支援者の役割であった。そこで，本研究では，「支援する」や「支
援者」など動詞や人を表す語に変換しても自然な語として "scaffold" の訳語に
「支援」をあてた。

30）　Sipe（2008, pp.87-89）をもとに筆者が作成した。

31）　Sipe（2008, pp.200-202）を要約して筆者が作成した。

32）　Sipe（2008, pp.202-203）をもとに筆者が作成した。

33）　例えば，Dressel（1990），Sipe（1993），Moss（1995）などがある。Dressel
（1990）は，全米英語教師協議会（NCTE）が刊行する学術誌 Research in the

Teaching of English に掲載された論文，Sipe（1993）は，国際リテラシー学会が初等教育を対象に刊行する学術誌 The Reading Teacher に掲載された論文，Moss（1995）は，国際リテラシー学会が刊行した著作 Book Talk and Beyond: Children and Teachers Respond to Literature に収録された論文である。この著作物は，国際リテラシー学会と全米英語教師協議会が共同で刊行する研究ハンドブック Handbook of Research on Teaching the English Language Arts において第1版から第3版まで生徒の文学的文章に対する反応の項目を担当してきた Martinez, M.G. らが編者となっており，読者反応を原理とした文学の授業方法が複数紹介されている。

34）Moss（1995）を参考に筆者が作成した。

35）⑴教室で読む文章が特定の作者によって創作された，⑵生徒が作者の立場になって新たな文章を創作する，以上二つの意味で「作者」という言葉を用いている。

36）Vygotsky（1934/2001/2011）の実験は，色，形，大きさの異なる積み木の裏側に無意味な単語（例えば「ラグ」）が書かれ，その単語がどのような意味（概念）で用いられているかを被験者が発見する過程を調べたものである（柴田（2001，pp.437-438）による解説を参照）。この実験により，Vygotsky（1934/2001/2011）は概念発達の3段階と各段階の水準の違いを明らかにした。

37）Applebee（1978）が子供の話した物語を分析した意図は詩的談話やそれを用いる上で鍵となる「見物人」（spectator）的な役割による言語使用の特質を明らかにすることだった。いずれも Britton（1970）が提示した概念である（Applebee（1978）は謝辞で Britton の著作に大きく影響されたことを述べている）。詩的談話や見物人的役割による言語使用は，ごく単純に言えば，依頼文やスピーチなど，実際に何か行為をなすための「交流の談話」（transactional discourse）やそれを用いる上で鍵となる「参加者」（participant）的な役割による言語使用と区別されるもの，すなわち実際の行為を伴わない談話と言語使用を指す。

38）Applebee（1978, p.60）の表2を参照。物語として全く構造化されていない「散乱」の段階にあった子供は一番幼い2歳児に限っても16%だった。全体の92%の子供が話した物語は「連続」から「物語」までの段階にあった。

39）Applebee（1978, p.58）を筆者が邦訳して引用した。直線は具体的な結びつき（例えば，AがXする，AがYする，AがZする）を示し，矢印はより抽象的な上位概念に基づく結びつき（例えば，ナイフとフォークとスプーンはディ

ナー用具として結びつく)。ひし形は物語が何らかの中心（例えば，主人公や主題）によって統括されていることを示し，番号をふった円は物語中の出来事を示す。焦点化されていない結びつきのようにひし形がない場合，赤い三角の次に緑の三角がきて，その次に緑の四角がくるというように結びつき方に一貫性がない。

40) この点については，5.2.1で再度検討する。

41) Möller and Allen (2000) は，教師やクラスメイトの助けを借りて，より深い読みに到達できることを「反応の発達の最近接領域」(the collective response development zone) と名づけて検討した。なお，山元 (2005, pp.645-682) では，読者同士の読みの交流が検討されており，Applebee (1978) と同じ「読者反応の発達」に着目した研究としてのみ位置づけるのはやや不当な評価である。ただし，⑴山元 (2005) に対する評価が主に発達モデルを提示した点に置かれていること（住田，2013a, 2013b)，⑵話し合いの一場面を「要点駆動」の読みと「物語内容駆動」の読みという観点から分析したに止まっていること，以上2点より（Sipe (2008) や寺田 (2012) との差異を強調する意味もあって)，「読者反応の発達」に着目した研究として位置づけた。

42) Sipe (2008, p.237) は，今後の課題を以下のように述べた。

　　文学と書くことは深く関連する (Deford, 1984; Sipe, 1993)。文学理解に熟達した子どもたちは「読者のように書けて」「書き手のように読める」子どもと言えるかもしれない (Hansen, 1987; Smith, 1984)。文学理解と書くことの関係は，伝統的な「物語の要素」を超えて，文学理解の構成要素を幅広く捉えるためにさらに追究する必要がある。文学理解の構成要素を幅広く捉えれば，文学理解と上手に書く能力のさらなる関連を明らかにできるかもしれない。例えば，行為遂行的な反応を示すという子どもの特性は，説得力ある文章や修辞的な文章を書くことにどう影響するのか？　間テクスト的な結びつきをどう使えば，一貫性のある主張になるのか？　物語を私物化したいという衝動の発達は，子どもが読者に「話しかける」文章を生み出すことをどう助けるのか？私は―もし適切に話し合われ省察されれば―絵本が，ポピュラーカルチャーの影響を受けて，暴力的で偏見に満ちた，すごく陳腐な子どもの文章に良い影響を与えると信じている。

43) 心理学では，「ある期間をおいて測定を繰り返し行ったとき，1回目と2回目で測定値が一貫している」(南風原，2002, p.78) ことを「信頼性」と言い，「測定値が，測定すべき構成概念を正しく反映している程度のこと」(同，2002,

p.77）を指す「妥当性」（validity）の必要条件になる。寺田（2012）が提示する生徒の読みの変容過程は，教室の読書の特徴をよく伝える一方，分析者の主観に強く依存するアプローチであり，分析者によって異なる記述の仕方や捉え方がなされるであろうことを根拠に「『信頼性』がやや弱い」という表現を用いた。

44) 平成25年度に実施された全国学力学習状況調査の結果が全国平均を下回る。

45) Flick（2009/2011）は，トライアンギュレーションを以下のように定義した。

　　トライアンギュレーションとは，研究者がひとつの研究対象に対して，または（より一般的には）研究設問に答えるために，違った視点を取ることである。違った視点とは，複数の方法および／もしくは複数の理論的アプローチを組み合わせて用いることで具体化される。さらにトライアンギュレーションは，データを捉えるための理論的視覚を背景として，異なった種類のデータを組み合わせることをも意味する。できるだけ，これらの視点は対等な資格で，そして同等に一貫したやり方で扱われ，適用されるべきである。同時に，（異なった方法もしくはデータ種の）トライアンギュレーションによって幅広い知を得ることが可能になる。たとえば，トライアンギュレーションによって，単一のアプローチで可能な範囲を超え，いろいろなレベルにわたる知がもたらされ，結果的に研究の質の向上に寄与することになるだろう（Flick, 2011, p.43）。

第1章
意味交渉過程の事例分析による調査課題の設定

　本章では，筆者自身が行った「サーカスの馬」（安岡章太郎）を読む授業の事例分析を行います。なぜ生徒一人ひとりが自分なりに意味を作り出すことができなかったのかを考察し，第2章以降の分析の観点を設定することが本章の目的です。

1.1 本章の目的

　読者反応に基づく読むことの学習指導では，生徒一人ひとりの読みを尊重することが前提になる（0.1）。一方，これまで行われた読者反応の実態調査によって，読者は人種や性別，年齢など様々な属性を持ち，それらの属性が読者反応に影響することが明らかになっている（Roser, Martinez, & Wood, 2011）。つまり，単に，生徒一人ひとりの読みを尊重するという理念だけでは，生徒が多様で豊かな読者反応を示すことができないと言える。Sipe（2008）は，教師が効果的な関わり方（支援）をすることで，生徒の多様で豊かな読者反応を促すことを明らかにした（0.3.3）。日本では，他の生徒と読みを交流することで生徒の多様で豊かな読者反応を促すことを目指す研究が多く[1]，Sipe（2008）のように教師の役割に着目した研究が不足していた。しかし，Sipe（2008）が明らかにした知見は，「米国の幼稚園から小学校低学年を対象にした絵本の読み聞かせ」という文脈があるため，日本の中学校の国語科にそのまま当てはめることはできない。

　そこで本章では，教室の読書において教師の役割がいかに重要であるかを示すために，筆者自身が行った授業で生じた意味交渉過程の事例分析を行う。これにより，第2章と第3章における授業観察の視点を得ることが本章の目的である。

1.2 研究の方法

1.2.1 調査の概要

　調査フィールドとして，大学院生である筆者（当時）が非常勤講師として勤務する，T国立大学の附属中学校を選定した。対象クラスは，筆者が国

語科の授業を担当する第2学年で，同学年の国語科教諭が担任するクラスを選定した。調査の実施に当たって，筆者が所属する大学の研究倫理委員会の審査を経た研究計画書[2]をもとに，学校長に研究説明を行い，承諾を得た。調査時期は，2011年9月8日〜11月24日（全8時間）だった。調査開始前に，学級担任が立会いのもと，筆者が調査の主旨を説明し，生徒から承諾を得た。さらに，授業後に2名ずつ，計4名にインタビューを行いたい旨を伝えて，インタビューへの協力を希望する生徒を募った。希望した生徒の中から，担任と相談の上，今井くん（仮名：以下，生徒の名前は全て仮名，「くん」は男性，「さん」は女性），川崎くん，古川さん，由井さんにお願いした。この4名の保護者に対して，調査内容と倫理的に配慮する事項をそれぞれ書面にて説明した後，研究協力の承諾を得た。

　実施した全授業の概要は，表1.1の通りである。一連の授業は，生徒が文学のジャンル意識をどのように深めていくかという問題意識のもと企画・実施した。その中の2時間（第4時，第5時）を，新しく学習する文学的文章「サーカスの馬」（安岡章太郎）の読解と，感想を書く活動に当てた[3]。この2時間の授業はワークシートを用いた。授業の流れとワークシートを表1.2，図1.1に示す。

　授業者は，地方の国立大学で国語教育を専攻して卒業した後，研究者養成のための大学院に入学し，当時，博士前期課程2年生だった（満23歳）。分析と考察で示すように，生徒の多様で豊かな読者反応を促す関わり方として不十分な点が多かったと考えられる[4]。

　授業の記録は，教室後方から教師を中心としたビデオカメラによる記録と，ICレコーダーによる音声の記録を行った。授業後のインタビューは，ICレコーダーによって記録した。得られた音声データは，全てトランスクリプト化した。

　ワークシートを用いて「サーカスの馬」を読んでいく中で，二つの意味交渉（解釈の対立）が生じた。一つは，図1.1の上段左から3番目の設問「『ただ

48

表1.1　意味交渉過程の事例分析のために取り上げた授業の概要

実施日		授業の概要
9.8	第1時	自分がこれまでにどんな本を読んできたかを振り返る それらの本をどのような観点から分類できるか考える
9.15	第2時	分類した観点についてクラス全体で交流する 「文学のジャンルについて考えよう」という学習目標の提示
9.22	第3時	「サーカスの馬」を1文ずつクラス全員で音読する 作者が「サーカスの馬」の執筆意図について述べた文章「サーカスの馬の手紙」を黙読する 文学のジャンルについて考えるために，どのような内容で話し合いを行えば良いかを考える
10.20	第4時	教師による「サーカスの馬」の音読を聞く ワークシートを用いて，「サーカスの馬」を読む
10.27	第5時	クラス全員で「サーカスの馬」を音読する ワークシートを用いて，「サーカスの馬」を読む（前回の続き）
11.10	第6時	クラス全員で「おおきな木」を音読する ファンタジーとリアリズムという観点から「おおきな木」と「サーカスの馬」の違いを探す
11.17	第7時	文学のジャンルを決める要素はどのようなものか小グループで話し合う 各グループで考えた意見を発表する
11.24	第8時	各グループで考えた意見を発表する 教師による授業のまとめ

ながめていることが好きだった』から推測できる性格は？」の答えを巡るものだった。主人公の「僕」が周囲の出来事に対して積極的に参加するよりも傍観する傾向にあることを示す記述から，その性格を否定的に捉えるか[5]，中立的に捉えるか[6]，肯定的に捉えるか[7]という対立だった。もう一つは，下段右から2番目の設問「『けれども，思い違いがはっきりしてくるにつれて僕の気持ちは明るくなった』。僕の『思い違い』とは？」の答えを巡るものだった。学校での居場所がない「僕」が馬と自分を重ね合わせていた点を含めて「思い違い」を捉えるか[8]，そうした「僕」の置かれた状況とは関係なく「思い違い」を捉えるか[9]という対立だった。

第1章　意味交渉過程の事例分析による調査課題の設定　49

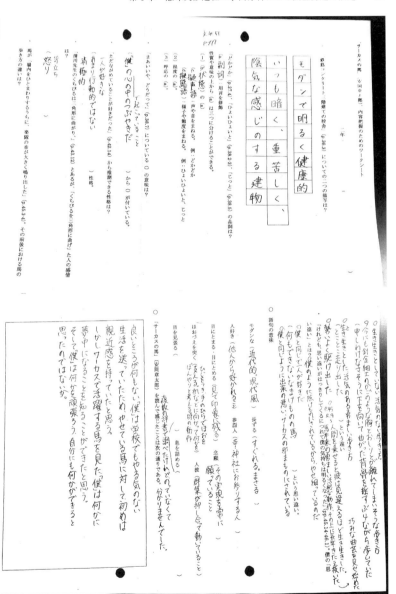

図1.1　「サーカスの馬」の内容把握のために用いたワークシート

50

表1.2　ワークシートをもとに「サーカスの馬」の読みを深め，感想を書くまでの流れ

	活動内容	時間
第4時	教師による「サーカスの馬」の音読を聞く	02:16～15:32
	各自でワークシートの設問を解く	16:52～27:13
	ワークシートの設問の答えをクラス全体で確認する	27:14～44:48
	「『鉄筋コンクリート…』についての二つの描写は？」から	
	「『ただながめている…』から推測できる性格は？」まで	
	前時までにやった内容を確認する	44:49～46:27
第5時	クラス全員で「サーカスの馬」を音読する	04:17～15:39
	ワークシートの設問の答えをクラス全体で確認する	15:40～43:58
	「『清川先生…三角形に曲げ』た人の感情は？」から	
	「『けれども…』。僕の『思い違い』とは？」まで	
	個々人で「サーカスの馬」の感想を書く	43:59～49:50

1.2.2　分析の方法

　まず，二つの意味交渉が生じた場面の教室談話を取り上げて，教師が生徒とどのような関わり方をしていたかを分析する。その時，事例を解釈する参考資料として，授業後に行った生徒へのインタビュー記録を用いる。次に，生徒が教室全体の話し合いで生じた意味交渉を踏まえて感想文が書けていたかについて分析する。感想文を分析するカテゴリーは Purves & Rippere（1968）と山元（1992）を参考に（0.3.1），筆者が作成した。分析対象にしたワークシートは30（男13：女17）だった。

　分析のため設定したリサーチ・クエスチョンは以下の二つである。

　　RQ1：教師は，意味交渉過程において生徒とどのような関わり方をしていたか？

　　RQ2：生徒は，授業で生じた意味交渉を踏まえて感想文を書けたか？

1.3 分析

1.3.1 【分析1】教師は，意味交渉過程において生徒とどのような
関わり方をしていたか

　基本的な教師と生徒の相互作用パタンは，教師が質問し，生徒がそれに答え，（教師に求められ）他の生徒がその答えを評価するというものだった。「僕」の性格を巡って生じた意味交渉はその典型だった（表1.3）。ターン1-1〜1-8，2-1〜2-7は，教師の質問に対し西尾くん，竹下さんがそれぞれ答えを述べた。その後，教師は宮坂くんに竹下さんの意見をどう思ったかを尋ね（3-1），宮坂くんは「ただ眺めてるだから客観的に判断してるかどうかは言えないんじゃないか」（3-2）と竹下さんの解釈に反論している。その後，竹下さんが宮坂くんに再反論した（3-7）。その結果，教室全体としては竹下さんの解釈の方を支持する流れになったところで（3-10，3-11），教師は宮坂くんの意見を支持した（3-12）。しかし，宮坂くんは，その後，最初の反論と異なる内容で反論したため（3-14），意味交渉が混乱した。教師は，他の生徒に論点を整理するように求め（4-1），浅田さんが論点を整理した（4-4，4-6，4-8）。さらに，由井さんが宮坂くんに賛成し，竹下さんに反論する立場から意見を述べた（4-14，4-16，4-18）。その後，教師は，竹下さんに意見を求めているが（4-20），深入りすることなく意味交渉を終えた（4-23）。

　以上，教師は，「いや宮坂くんが言っているのは私も同じことを思いましたよ」（3-12）という特定の生徒の解釈に同意する発話を除き，ほぼ特定の誰かの解釈を評価することなく，生徒に発言を求める役割に限定されていたと言える。また，対立する意見があった場合でも，自分でその論点を整理することはほぼなく，他の生徒にその役割を任せていた。つまり，教師の意味

52

表1.3　意味交渉過程における教師と生徒の相互作用パタンの典型[10]

ターン	発話者	発話内容
1-1	教師	じゃあ次のただ眺めていることが好きだったから推測できる性格はというところはどうでしょうか？(4)* 西尾くんもう書きましたそこ？
1-2	西尾くん	いやー書きました [他の生徒笑い]
1-3	教師	じゃあみんなに教えてくれますか？　あっ立ってまぁ西尾くん声が大きいから座ったままでも大丈夫だと思うんだけど [他の生徒笑い] 一応立って
1-4	西尾くん	あのーただ眺めていることが好きだったことは [小さい声で言ったため他の生徒笑い]
1-5	教師	いやお，いつも通り
1-6	西尾くん	えっ
1-7	教師	いつも通りみんなに通るような声で言ってくれるかな
1-8	西尾くん	えっとーただ眺めてることが好きだったってことはーあのーみんなにも会わなくてもいいってことだからーあのー一人ぼっちが好きってこと
		(以下，西尾くんの発言内容を他の生徒が理解したかどうかを確認するやり取りがしばらく続く)
2-1	教師	他にこのただ眺めていることが好きだったという前後の描写から推測できる性格というのを考えた人いませんか？　はいじゃあ竹下さん
2-2	竹下さん	えっとー自分で動こうとしないー消極的でーかつ客観的な立場でものをみる性格
2-3	XXX**	(5)竹下こえー
2-4	教師	じゃあ宮坂くん
2-5	XXX	ましゅー
2-6	教師	いま竹下さんが言ったの全部聞き取れましたか？
2-7	宮坂くん	なんか下りがちょっと
		(以下，宮坂くんが竹下さんの発話内容を理解するためのやり取りがしばらく続く)
3-1	教師	[竹下さんの意見のこと] というのを聞いて宮坂くんどう思いますか？
3-2	宮坂くん	えっとー(3)ただ眺めてるだから客観的に判断してるかどうかは言えないんじゃないか
3-3	XXX	言えるんじゃねー
3-4	教師	という反論が出たんですけど竹下さんどうですか？
3-5	竹下さん	いやっただ眺めてるだから
3-6	教師	あっというのを宮坂くんに言ってくれますか？
3-7	竹下さん	ただ眺めてるっていうことだからー [声が大きかったため，他の生徒笑い] 自分で動こうとしないってことだからー消極的なんじゃないですか？
3-8	XXX	だからー
3-9	宮坂くん	消極的ってことを言ってんじゃなくてきゃ，あれ客観？
3-10	XXX	自分で言って
3-11	XXX	ましゅー負けた
3-12	教師	いや宮坂くんが言ってるのは私も同じことを思いましたよ
3-13	XXX	おかしいでしょ
3-14	宮坂くん	だからーそのただ眺めてるってだけだからー積極も消極も何もないんじゃないかなぁと
3-15	XXX	おー
3-16	教師	というのは最初の意見と異なっていませんか？
3-17	XXX	自分で言っておいて意見が変わる [他の生徒笑い]
3-18	XXX	最初さー

ターン	発話者	発話内容
3-19	教師	最初，最初たぶん宮坂くんは—(2)ただ眺めてるだから自分で動こうとしないと消極的までは言えるけれど—客観的な立場でものごとをみるかどうかまでは判断できないんじゃないかというふうに言っていませんでしたか？
		(以下，教師の発話内容が生徒に理解されず，しばらく混乱が続く)

凡例
ターン 1-1 〜 1-8 :「僕」の性格をめぐる最初の意見（西尾くん）
ターン 2-1 〜 2-7 :「僕」の性格をめぐる 2 人目の意見（竹下さん）
ターン 3-1 〜 3-19 :竹下さんの意見に対する反論（宮坂くん）
＊4 秒間，音声が途絶えていることを示す。
＊＊ 発話者不明

交渉過程への関与は，全体としてかなり少なかったと考えられる。このように意見の対立が十分に解決されないまま意味交渉が打ち切られたため，その論点を十分に理解した生徒は多くなかったと考えられる[11]。これを裏づける点として，授業後のインタビューで今井くんは，途中で意味交渉を終えるべきでなく，少なくとも次回もう一度話し合った方が良いという趣旨のことを述べた[12]。

　教師が生徒に質問し，生徒が答え，（教師に求められ）他の生徒がその答えを評価するという相互作用パタンは，第 5 時に生じた「僕」の思い違いをめぐる意味交渉でも同じだった。ここでも調査の概要で述べたように意見の対立は生じていたが，教師は論点を整理したり，特定の生徒の発言を評価したりすることなく，「じゃあ全部ここに出てきたのは全部良いと思います」と発話して意味交渉を終えていた。そのため，「僕」の性格をめぐる意味交渉と同じく，「僕」の思い違いをめぐる意味交渉の論点を十分に理解した生徒は多くなかったと考えられる[13]。ただし，教師によって論点が整理されたり，意見の対立が十分に深められたりしたわけではないにも関わらず，授業後のインタビューでの由井さんの発言から分かるように[14]，生徒が自ら話し合いの論点を整理し「僕」の「思い違い」について考えを深めた生徒もいたと考えられる。

表1.3（続）　意味交渉過程における教師と生徒の相互作用パタンの典型

ターン	発話者	発話内容
4-1	教師	じゃあこの2人のやり取りを誰かまとめることができる人いますか？　はいじゃあ浅田さんどうぞ
4-2	XXX	おっ
4-3	XXX	おー
4-4	浅田さん	竹下さんはーそのー僕っていう性格をー消極(1)的かつ客観的にものごとをみられっていう性格だと言ってたわけでーで宮坂くんはーそのーただ眺めてるだけだからー積極的ではない (.)*** というのを言ってるからー
4-5	XXX	消極的ではない
4-6	浅田さん	つまり2人の意見はだからー [他の生徒笑い]
4-7	由井さん	消極的じゃない
4-8	浅田さん	そのー積極的じゃないって言ってるからー2人の意見はー後半が違うんじゃないかなと思います
4-9	XXX	おもしろすぎる
4-10	XXX	えっ
4-11	教師	後半だか，えっそのだから客観的な立場でものごとをみることができるかどうかっていうところが違うっていうことですよね？
4-12	XXX	なにが，なにが違うの？
4-13	教師	由井さんありますか？
4-14	由井さん	えーっとー
4-15	教師	じゃあこの3人に聞こえるように言ってください
4-16	由井さん	えっとーうーん私もー
4-17	教師	ちょっとみんな静かにして。じゃあ立って後ろ向いて
4-18	由井さん	私もーえっとー宮坂くんにーえっとーちょっと賛成なんですけどー [笑い] えっとあのーえっとー自分で動こうとしないって言うのが一必ずしも客観的にみてるとは限らなくてー逆に僕はまぁいいやどうだってみたいな投げ出してる？　感じだからー投げ出してるのとー客観的にみてるのとは違うと思います(2) [笑い] 困るねこれ
4-19	XXX	困らない
4-20	教師	というのを聞いてじゃあ竹下さんどうですか？
4-21	竹下さん	[平板な音調で] あーなるほどー
4-22	由井さん	えー [笑い] [他の生徒も笑い]
4-23	教師	じゃあ5組の平和のためにこのぐらいでここの争点は終えておきましょうか

凡例
ターン4-1〜4-12：竹下さんと宮坂くんの意見の違いを浅田さんが整理する。
ターン4-13〜4-23：由井さんが宮坂くんの意見に賛成し，竹下さんの意見に反論する。
*** 0.2秒に満たない短い間合いを示す。

1.3.2 【分析2】生徒は，授業で生じた意味交渉を踏まえて感想文を書けたか

　クラス全体で生じた意味交渉を自分の読みに生かすとすれば，「僕」に焦

第1章　意味交渉過程の事例分析による調査課題の設定　55

> 「僕」は，ただ眺めていることが好きで，ポケットから何か汚らしいものが出て
> くるような，人とあまり関わるのが得意ではない少年だった。しかし，やせた馬
> をみてから，その馬に自分の姿を重ね，あれこれと廊下に立たされている間も想
> 像をめぐらせるようになった。そして，すっかり立場を自分に置き換えた馬が，
> 実はサーカスの花形で，見事な芸をしているのをみて，自分が活躍しているかの
> ように感じたのであろう。普段から「ぽかぽかと，暖まりながら一生の月日が
> 経ってしまった……」などと考えるような子どもで，たいした生きがいも見いだ
> せなかった彼だからこそ，感動も大きかったのではないだろうか。また，これと
> 関連する作品「サーカスの馬の頃―書けなかった手紙」と合わせて考えると，筆
> 者は毎日がつまらなくても絶望することはないし，ましてや死ぬ必要などない，
> ある時，ふいに小さな幸せを見つけられるかもしれないということをメッセージ
> として伝えたかったのではと思う。

図1.2　意味交渉を生かして書かれた感想文の例

点を当てて，「僕」の性格や思い違いを巡る論点を踏まえた上で，感想文を
書くことが期待された。例えば，浅田さんの感想文は，この典型である（図
1.2）。最初の文で「僕」の性格を記述し，次の文で「僕」は馬と自分の姿が
重なったと述べた。その上で，第3文，第4文で浅田さんなりに「僕」の気
持ちを推測した。最後の文は，他の文章と関連づけて，焦点を作者に変えて
自分の解釈を述べた。

　クラス全体では，浅田さんのように「僕」に焦点を当てて感想を書いた生
徒は，30名中18名だった。18名の生徒の中，「僕」の性格や思い違いをめぐ
る論点を踏まえた上で自分なりに読みを深めた生徒は18名中7名だった（表
1.4）。この結果は，とくに教師からの支援がなくても意味交渉を生かして感
想文を書けた生徒がいる一方，それができない生徒もいたことを示す。自力
で意味交渉を生かして感想文を書けなかった生徒に対しては，意味交渉過程
や感想文を書く過程で何らかの支援が必要だったと考えられる。

表1.4　感想文における「僕」の性格と思い違いの捉え方のクロス表

「僕」の性格の捉え方	「僕」と馬の重ね合わせ有	「僕」と馬の重ね合わせ無	合計
否定的	7	6	13
中立	0	0	0
肯定的	0	0	0
言及なし	1	4	5
合計	8	10	18

1.4　考察

　本章の分析を通して，読者反応に基づく読むことの学習指導では，生徒一人ひとりが作りだす意味が大切にされるとは言え (0.1)，単に，教師が生徒の意味形成過程への関与を少なくすれば良いわけではないことを示した。

　【分析１】では，意味交渉（クラス全体での話し合い）において，教師の関与の程度が少なく，相互作用が主に「教師が質問し，生徒がそれに答え，（教師に求められ）他の生徒がその答えを評価する」というパタンで行われていたことを明らかにした。これは，読者反応に基づく読むことの学習指導が批判する「解釈や型通りの反応を教える」タイプの教師から離れようとしたためだと推察される。つまり，伝統的な授業における教室談話の特徴として挙げられる IRE のパタン（教師が働きかけ，生徒がそれに答え，教師がその答えを評価する）から離れようとする試みだったと言える[15]。

　このような試みは，生徒一人ひとりの意味形成を支援することに繋らなかったと考えられる。まず，教師が生徒の答えを評価するターンを他の生徒に委ねると，表1.3で示した竹下さんの解釈に対する由井さんの否定的な評価に見られるように，両者の関係が悪くなる危険が生じることになる。教師は，その気配を察したために「じゃあ５組の平和のためにこのぐらいでここ

第1章　意味交渉過程の事例分析による調査課題の設定　57

の争点は終えておきましょうか」（4-23）と発話したと思われる。しかし、このように唐突に話し合いを打ち切られると、授業後のインタビューで今井くんが述べたように、他の生徒にとって話し合いを生かして読みを深められなかったという不満だけが残ることになる。

　Cazden（2001, p.54）は、生徒の答えに対する明示的な評価を行なわずに子供の論理を尊重することと、数学上の真理（答え）との間で葛藤する教師の事例を紹介した[16]。一人ひとりの反応をどう評価し、クラス全体の話し合いにその反応をどう位置づけるか、という点は、教師としてこれまで培ってきた専門的な知識・経験に基づく即興的な判断が必要とされ、決して他の生徒に委ねることができるようなものではない[17]。Sipe（2008）は、リテラシー教育と子供向けの絵本について深い理解を持つ教師が即興的に生徒の反応に応答する場面において様々な役割が見てとれることを明らかにした（0.3.3の表0.7）。ここに示された教師の発話は、生徒に質問し、生徒の答えを評価するだけに止まらず（0.3.3の表0.8、100、104）、自分の解釈の提示（同、114）や解釈の方法の教示（同、107）など多様な機能を持つ発話がなされていた。

　教室の読書という文脈を踏まえて読者反応を検討したと評価される寺田（2002, 2003, 2012）は、20代の大学院生（当時）だった寺田自身による実践が対象にされている[18]。そのため、10年以上の勤務経験を持ち、リテラシー教育専攻の博士課程に在籍する教師の実践を対象にしたSipe（2008）が提示するような多様な教師の役割が、どの程度、実現されていたか定かでない。そもそも寺田（2002, 2003, 2012）では、教師の役割がほとんど検討されていなかった（0.3.5）。しかし、本章の冒頭で述べたように、Sipe（2008）が対象にしたフィールドと日本の中学校の国語科では文脈が大きく異なるため、彼の知見をそのまま国語科に当てはめられないという問題があった。そこで、第2章では、生徒一人ひとりの意味形成を大切にする読むことの学習指導の実践を継続して行ってきた教師による授業を観察し、生徒の読者反応を支援する教師の多様な役割を明らかにすることを具体的な調査課題として設定する。

【分析2】では，意味交渉と感想文を書く過程において，教師による支援が適切に行われていなかったために，多くの生徒が意味交渉（クラス全体で話し合われた内容）を生かして感想を書けなかったことを示した。

　クラス全体の話し合いと一人ひとりの読みの関係をどう捉えるかは難しい論点である。例えば，佐藤（1996, p.129）は，生徒間で読みの対立が生じても，話し合いを通して「全員が一つの方向に読みが収斂していくといった単純なものではな」いことを指摘し，読みが変化しなかった生徒に対しても理解を示した。一方，田中（1994）のように，意味交渉が一人ひとりの読みの主張に終わり，読みの変容が生じないことを批判する立場もある。

　本章で取り上げた事例に限って言えば，仮に「僕」に焦点を当てていない生徒の感想文を「多様な読み」として認めるにせよ，意味交渉された内容に関する記述があるにも関わらず，その論点が十分に踏まえられないまま感想文を書いた生徒がいた点が問題だったと考えられる。つまり，浅田さんのように，自力で意味交渉された内容を踏まえて感想文を書けない生徒に対する支援が必要だったと言える。Möller & Allen（2000, p.178）は，文章の難しい箇所を解きほぐす教師やクラスメイト（「解釈共同体」）の重要性を指摘した。「読み書きが苦手」な生徒は，文章に難しい箇所があると感じた場合，読む行為自体を放棄してしまうからである。

　【分析1】で取り上げた由井さんのインタビューでの発言から示唆されるように，「僕」が馬の姿を自分に重ね合わせていた点に基づいて「僕」の思い違いを解釈することは，生徒にとってやや難しかったと考えられる。由井さんは，クラスで国語の成績が良い生徒だった。教師は，クラス内で「読み書きが苦手」な生徒に対して，クラス全体で意味交渉された論点を解きほぐし，その生徒なりに読みを深めて感想文を書けるようにする支援が必要だったと推察される。ただし，1.2.1で述べたように，授業者である筆者は非常勤講師の身分であったため，生徒の実態を把握し，書く過程で適切な支援を行うことが難しい側面もあった。「読み書きが苦手」な生徒が読みを深めて感

想文を書く過程において，どのような支援が行われているのか，日々，このような生徒と関わっている教師の授業を観察して明らかにしなければならないと考えられる。これを第3章の具体的な調査課題とする。

【第1章　注】

1）　例えば，佐藤（1996），寺田（2002, 2003, 2012），塚田（編）（2005a），松本（2006）などを参照。

2）　平成23年7月29日付けで研究倫理委員会より承認を受けた（記番号23-145）。
　　　課題名：国語科における文学教材の〈読み〉の「発達」および「個性」に関する調査研究

3）　「サーカスの馬」の要約を以下に示す。
　　　中学生の「僕」は，勉強も運動もできず，自己を「全くとりえのない生徒」と評価する。クラスに友人はなく，担任の清川先生には怒られてばかりいる。廊下に立たされた「僕」は，窓から見えるサーカス小屋の裏につながれた一匹の馬を目にする。見た目がみすぼらしい馬に親近感を持ち，「僕」のように怠けて何もできない馬だと空想する。
　　　ある日，偶然サーカス小屋に入ると，あの馬が見物席の真ん中に引っ張り出されてくるところだった。「僕」は，「なにもあんなになった馬を見世物にしなくたっていいじゃないか」と団長の親方にいきり立つ。しかし，実はこの馬がサーカス一座の花形であり，たくみな曲芸を見せる。「僕」は，思い違いに気づくと同時に，明るい気持ちになり，一生懸命手をたたいていた。

4）　授業計画全体にも課題はあったと考えられるが，本章の目的を達成するため，「話し合いと感想文を書く活動における教師の関わり方」に課題を限定する。

5）　例えば，「何事にも消極的な性格」など。

6）　例えば，「一人でいることが好きな性格」など。

7）　例えば，「おだやかで物静かな性格」など。

8）　例えば，「『僕』と同じようにできの悪い馬ではなく，劇団の花形だと分かった」など。

9）　例えば，「何のとりえもない馬ではなく，劇団の花形だと分かった」など。

10）　第4時の「僕」の性格を巡る意味交渉過程のプロトコルである。

11）　意味交渉された内容を踏まえれば，「僕」の性格は否定的に捉えることが妥当であるが，「僕」の性格を否定的に捉えてワークシートに記述した生徒は30名中

60

8名だった。

12) この点に関する今井くんの発言は以下の通りである。括弧内は筆者の発話である。
　　あっ議論の方？（うん）それで西尾くんが最後のつぶやいていたんですけ
どーあの今日ちょっと終わらせた，終わらせたじゃないですか？　あの５組の
平和のなんとかかんとかとか言って（うん）それで西尾くんがちょっとつぶや
いていたんですけどまぁそれでーやめるんじゃなくて次の時にひきつぐとかー
そういうなんかそういうやった方がもっと質の良いものになるんじゃないか
なぁとかこんなことでやめちゃ駄目だみたいなことは西尾くんが言ってました
（ふーん）だからーなんか次の授業までにーもう１回考えてもらうとかーそう
いうことをした方がもっと質の良い議論に？　そういうことができると思うの
でーそういうことはもう１回なんかやった方が良いと思います。

13) 「僕」の思い違いについて，学校での居場所がない「僕」が馬と自分を重ね合わ
せていた点まで含めてワークシートに記述した生徒は30名中18名だった。

14) この点に関する由井さんの発言は以下の通りである。括弧内は筆者の発話である。
　　うーん。あとーもう一つその思い違いっていうのは何かっていうのでー私
はー最初はー思い違いっていうのがーそのサーカスを見た時だけの？（うん）
思い違いだからそのーみすぼらしい姿をさらされている？（うん）っていうよ
うな部分だけかと思ったんですけどーみんなはーあの全体？（うん）みんなは
あの自分を重ね合わせるとかーそういうすごいわかりにくいんですけどー[笑
い]私と考えている部分が違ったんですね（うんうん）でそれでーえっとー[２]
だからーうーんなんというかそこをちゃんとー私が整理できなかったのでー
（うん）うーんなんていうんだろう。こういう部分みたいな，例えば，あのー
僕が馬を教室の廊下から見てる場面？（うん）から考えるのかーそのなんだろ
う。思い違いっていうのが種類が違う。

15) Mehan（1979），Cazden（2001）を参照。

16) ４/４と５/５が「同じ」であるかどうかを巡る話し合いだった。同じ大きさと
形の四角形を四つに分けようが五つに分けようがどちらも全体の形は変わらな
いから４/４と５/５は「同じ」であるという生徒の意見と，３と２が違う数字
であるように５/５と４/４も「違う」という意見あるいは５/５にすればクッ
キーを５人の友達で分けることができるが４/４だと誰か一人が食べられない
から４/４と５/５は「違う」という生徒の意見が対立した。

17) Schön（1987/2001），Ruddell & Unrau（2004a, 2004b, 2013）を参照。

18) 住田（2013a）を参照。

第 2 章
生徒の読者反応を支援する教師の役割

　本章では，生徒一人ひとりの読みを大切にする授業を長年実践してこられた中学校教師による「走れメロス」（太宰治）を読む授業を分析します。主に教師の発話に着目して，生徒一人ひとりが作り出す意味を大切にする授業における教師の役割を明らかにすることが本章の目的です。

2.1 本章の目的

　前章では筆者が教師として行った授業を分析し，意味交渉（クラス全体での話し合い）が生徒一人ひとりの意味形成の支援に繋がらなかった原因として，教師の発話機能がほぼ「生徒への働きかけ（質問）」に限定されていたことを挙げた。Sipe（2008）は，幼稚園から小学校低学年を対象に絵本の読み聞かせ場面を観察し，生徒が豊かな読者反応を示す上で，教師が多様な役割をとることを明らかにした（0.3.3，表0.7）。しかし，Sipe（2008）が観察した教室と，本研究が対象にした中学校の国語科では，文脈が異なるため，彼の知見をそのまま適応できない（1.4）。Sipe（2008）の研究方法を参考に，日本の中学校の国語科という文脈を踏まえて，「生徒の読者反応を支援する教師の役割」を明らかにする必要がある。日本の国語科における先行研究をみても，読者反応理論を枠組みとした実践を対象に，教師の役割を分析した研究はなかった（0.3.5）。

　そこで本章では，生徒一人ひとりの読者反応を大切にする授業を行ってきた教師による授業を観察し，中学校の国語科を対象にした生徒の読者反応を支援する教師の役割はどのようなものかを明らかにする。

2.2 研究の方法

2.2.1 調査の方法

　調査フィールドとして，筆者が非常勤講師として勤務し，そこでの調査経験もある国立大学の附属中学校を選定した。同校に2013年時点において国語科教諭として18年（教員歴26年）勤めてきた教師による授業を対象にした。対象としたクラスは，この教師が担任する第3学年の学級だった。対象とし

た授業は「文学の学び方～『走れメロス』による～」と名づけられた一連の授業である[1]。筆者はこの実践を扱った飯田（2002）を読み，この実践が読者反応理論の考え方を踏まえた「生徒一人ひとりが作り出す意味を大切にする」授業になっていると考え，この教師に調査分担者として調査協力を依頼した。調査の実施にあたっては，筆者が所属する大学の研究倫理委員会の申請を経た研究計画書をもとに，学校長に研究説明を行い，承諾を得た[2]。

　調査期間は，2013年5月13日～7月10日（全19時間）だった。途中，中間考査があり，その後の数時間にわたって試験の解説が行われたが，それは観察しなかった。また，一連の授業を終えた後，個々人でこれまでに作った読みをまとめる時間と（5時間），それをグループごとに文集としてまとめる時間（3時間）があった。これらの時間は，生徒個々人で書く作業が中心だったため，観察をせずに完成した文集を参考資料にした。観察した授業全体の概要は表2.1の通りである。表2.1から分かるように，1～6時間を一つの小単元として，それぞれ「作家論」や「作品論」，「読者論」などのテーマに基づいて授業が行われた。毎回の授業において，作家の生涯をまとめたVTRやシルレルの詩「人質」など，小単元のテーマに即したテクストが取り上げられたため，読む対象は「走れメロス」（太宰治）のテクストに限らなかった。生徒の活動からみると，1時間の授業は，単元名を書く，テクストを読む，読んだことや課題に即して意見を書く，意見交換を行うという四つの活動で構成された（表2.2を参照）。

　筆者は，前年度にこの学級の授業を受け持っていたため，調査の時点で生徒たちと面識があった。できるだけ「普段通りの授業」という状態を維持するため，生徒とのかかわりは最小限に止めた。前年度，この学級でビデオカメラとICレコーダーによる記録を行っていたため，生徒たちは，これらの機器に慣れていたと思われる。

　記録は，教卓にICレコーダーを設置して音声を録音し，後方から教師を中心に固定ビデオカメラによる録画を行った。筆者は教室後方から授業を観

64

表2.1　単元「文学の学び方〜『走れメロス』による〜」の概要

各小単元	時数	授業の概要
第一次：通読	1	一人一文ずつ読み，次の人につないでいく。
第二次：「初発」の学習	1	率直に，この作品を読んで今感じること，考えたこと，疑問に思うことをノートにメモし，それを基にして意見交換を行う。
第三次：「作家論」による学習	2	太宰治の生涯をまとめた20分程度のVTRを観，「『走れメロス』の作者太宰治から」の読みを行う。作品の理解において関連付けられることを指摘し合う。
第四次：「比較論」の学習	2	太宰が「走れメロス」を書くにあたって参考にしたとされるシルレルの詩「人質」を読み，その相違点と共通点に目を向けることから，太宰が変えた所／変えなかった所はどこかを探し，その理由について意見交換を行う。
第五次：「メディア」の学習	6	アニメーション映画「走れメロス」（おおすみ正秋監督，1992年）を観，感じたこと，考えたことをノートにメモし，それを基にして意見交換を行う。太宰治「走れメロス」が，映画というメディアによって，どのように翻案されているのかについて意見交換を行う。
中間考査とその解説		
第六次：「作品論」による学習	6	作品の冒頭部を読み，登場人物の設定の仕方と表現の工夫について意見交換を行う。作品の中盤部を読み，表現の工夫について意見交換を行う。作品の結末部を読み，「大きな力」と「緋のマント」を論点として意見交換を行う。
第七次：「読者論」による学習	1	先輩の「走れメロス」に対する感想を読み，なぜそのような読み方をしたのか，それについて自分はどう考えるのかについて意見交換を行う。
個々人でまとめの読みを書く	5	これまでの学習をまとめた文章を書き，文集活動につなげる。
グループごとに文集作成	3	編集，表紙，目次，前書きなど文集作成の役割分担を行い，自分の担当箇所を執筆する。他の班員の文章を読み，感想を書く。他の班員が書いた感想について感想を書く。

＊授業の途中で次の小単元に移った場合，次の小単元に時数を加えた。例えば，第一次の通読は1時間目で終わらず，2時間目の授業でも行っているが，2時間目は「初発」の学習が中心であったため，それぞれ時数1とカウントした。

察し，授業中のやりとりだけでなく，教師の動きや表情，視線，その場の雰囲気などもメモした。さらに，教師には授業終了後，教師の控室である国語科研究室にて授業内容に関するインタビューを行った。授業終了後，トランスクリプトを含むフィールドノーツを作成した。

第2章　生徒の読者反応を支援する教師の役割　　65

表2.2　観察した授業の1時間の流れ（第六次，通算18時間目*「作品論」による学習より）

場面	活動の概要	発話頻度		発話番号	タイムスパン
		教師	生徒		
1．日時や欠席者の確認	教師が日時や欠席者，生徒の体調などを確認する。この日は，観察者によるノートをコピーさせてもらうお願いがあったため，他の回より時間が長くなっている。	20 (24)**	8	1-52	1:12:00-8:37:03
2．記録ノート	観察した学校独自のルールで，毎回生徒1名が記録者となって教師と生徒の発言を全て記録する。教師が前回記録者だった生徒の感想を読み上げて，次の記録者に渡す。	30	1	53-83	8:37:03-11:34:54
3．単元名を書く	生徒がノートに単元名「文学の学び方～『走れメロス』による～」を書いて，これまでの学習を振り返る。毎回，欠かさずに行われた。	9	0	84-92	11:34:54-13:15:16
4．これまでの学習の流れを説明	教師が初発の感想から現在までの小単元が積み重ねられてきていること，それを整理してまとめる段階にきていることを説明する。	17	0	93-109	13:15:16-16:51:42
5．今日やる学習内容の説明	教師が，今日の授業で「走れメロス」本文の範囲と，考える視点について説明する。	27	0	110-136	16:51:42-19:44:53
6．「走れメロス」結末部を，少女がメロスに緋のマントを捧げる意味に着目して読む	生徒が「走れメロス」の結末部（「歓獣の中からも群衆の声が聞こえた～勇者は，ひどく赤面した」）を，一段落交替で読む。	20	18	137-174	19:44:53-22:16:30
7．教師による考えるポイントの説明	教師が文章に根拠を求めて，一人の少女の意味について考えるように指示する。	15	0	175-189	22:16:30-23:30:62
8．緋のマントを捧げた意味を考えて書く	生徒が一人の少女の意味について考えて，その考えをノートに書く。その間，教師は，考える視点などを示唆する。この教師による示唆は，生徒が考える場面では，必ず見られた。	54	0	190-243	23:30:62-29:32:10
9．考えたことについて意見交換を行う	生徒が少女の意味について考えたことを発表する。他の生徒は，発表者の発言をノートにメモする。教師は，発言者の意見を言い換えたり，それにコメントを付け加えたりする。	167	86	244-496	29:32:10-45:14:59
10．次回の授業内容の説明	教師が次回の授業内容を説明して，授業を終える。	4	4	497-503	45:14:59-45:44:99

*18時間目を取り上げた理由は，(1)生徒の四つの活動が全て含まれており，また，(2)分析の対象外とした時間が少なかったためである。
** 発話数における教師の括弧内の数字は，授業を観察した筆者の発話数を示す。

2.2.2 分析の方法

　観察した授業について教師の発話を対象に分析する。ただし，観察した授業のうち，（授業が同時間帯に２クラス分重なったことによる）自習時間，アニメ映画「走れメロス」を視聴した時間，中間考査に関わる時間（試験範囲の説明と試験解説），調査の説明に関する時間は除外した。また，授業の開始終了に関する形式的な発話（例えば，欠席者の確認など）と記録ノート[3]に関する発話も分析対象外とした。表2.2で言うと，「３．単元名を書く」から「９．考えたことについて意見交換を行う」までの発話が分析対象で，「１．日時や欠席者の確認」，「２．記録ノート」，「10．次回の授業内容の説明」の発話は分析対象外である。

　発話単位は，基本的にトランスクリプトを一文単位で区切ったものとした。ただし，発話機能，発話対象の変化がみられた場合は，そこで分割した。以上の手順により得られた，19時間の全発話は5610（教師：3907，生徒：1703）だった。

　分析のため設定したリサーチ・クエスチョンは以下の三つである。

　　RQ１：読者反応を支援する教師の役割にはどのようなものがあるか？
　　RQ２：教師の役割は授業の中でどのように変化するか？
　　RQ３：読者反応を支援する教師の役割のダイナミズムとは何か？

　分析は，Sipe（2008, pp.249-252）の手法を参考にし，カテゴリー分析と事例分析の手法を用いて読者反応を支援する教師の役割の種類と，それが授業の中でどう変化したかという観点を設定した。教師の役割の種類は，コーディング・スキーマの作成による分析を行った。授業における教師の役割の変化は，場面と役割のクロス集計により分析した。また，読者反応を支援する教師の役割のダイナミズムを明らかにするために事例の解釈的分析を行っ

た。事例の解釈的分析は，ビデオカメラによる記録を繰り返し確認し（外的信頼性），分析単位を明示して事例を抽出することで（内的信頼性），「解釈としての再現性」（平山，1997，p.53）を高めた。

2.3　分析

2.3.1　【分析1】読者反応を支援する教師の役割にはどのようなものがあるか

　読者反応を支援する教師の役割にはどのようなものがあるか。先に述べた教師の全発話（3907）を対象として，読者反応を支援する教師の役割のコーディング・スキーマを作成した。作成基準は，(a)分析対象となる発話全てをいずれかのカテゴリーに含むことができる，(b)一つの発話が複数のカテゴリーに分類されない，以上2点とした。この基準を満たすコーディング・スキーマを作成するために，筆者とデータ分析協力者[4]の二人で，表2.3の手順をとった[5]。

　この手順によって完成したコーディング・スキーマを表2.4に示す。読者反応を支援する教師の役割と，その定義，発話例を示した。それぞれの役割は，発話機能a〜lによって構成される[6]。結果，生徒の読者反応を支援する教師の役割は，五つに大別できることが分かった。すなわち，*1．文学を読む集団として教室全体を調整する役割，2．生徒が反応を生み出せるように*

表2.3　コーディング・スキーマ作成の手順

手順1	筆者が，暫定的にコーディング・スキーマを作成する
手順2	暫定的なコーディング・スキーマに基づき，分析協力者が分類を行う
手順3	作成基準を満たさない発話があった場合，各カテゴリーの定義や発話の解釈について，筆者と分析協力者とで確認し，修正する
手順4	修正後のコーディング・スキーマを用いて再度筆者が分類する

表2.4　読者反応を支援する教師の役割のコーディング・スキーマ

カテゴリー	カテゴリーの定義	発話例
1. 文学を読む集団として教室全体を調整する役割	a. 授業を進行するための発話：次の活動に移ることを伝える，活動形式（役割分担，作業時間の設定）の決定，作業の進行状況の確認，発言者の指名，発言の繰り返し要求，教室が騒がしくなった時に静める発話。	a. （前の単元が終わって）えーとそれでは新しい課題に入ります／えーでは9番の方からお願いして坂口くんからすいません／えーとよろしいですかねぇ／じゃあその後続けてもう一回言ってくれる？／（文章を区切って読む時に，次の生徒に移ることを示すために）はい／（教室が騒がしくなった時に）よろしいですか？
2. 生徒が反応を生み出せるようにする役割	b. 生徒に具体的な活動の内容を指示するための発話：「～してください」と今から行う活動を直接的に指示，活動を行う上での条件，活動の目標を説明する発話。	b. まずあの文学の学び方という単元名を書いてくださーい／周りの人と話しても構いません／細かい言葉に注目してえーまぁ文章の表現の特徴を捉えるというのは勉強になるんじゃないかなぁと思います／（生徒が発表した時に，他の生徒に対して）ここかのメモをとりながらでいきましょうかね
	c. 教材解釈や学習課題に関する質問形の発話。	c. （「走れメロス」の最初の一文が「メロスは激怒した」であることを指摘した後で）この言葉どっかに後にでてきません？／さて，えーみなさんどんな感想を持ったでしょうか？／えーそんなこと出てきましたけれどもうーん他の人物に関係して意見誰が作った人います？／（生徒が発言した後に）えーとみなさんよろしいでしょうかね？
	d. 学習に関する情報・知識を生徒に伝達するための発話：文学の分析概念や漢字の読み方を教示，ビデオやアニメ映画を視聴した後に，その内容を説明，前時までに行っていた学習や本単元以前に行った学習を確認する発話。	d. であの例えばこういった言葉あるんですけれど［板書］これあの物語の読みの一つの用語で知っておいていいと思います。えっとねこれあの額縁えっとー額縁効果という表現／あっこれを市（いち）と読んで市（まち）と読んでるんですね／（作家の生涯をまとめたVTRを観た後に）でかなぎのとのさまということばがでてきていましたけれどーあのーま非常にお金持ちの家平たく言えばねそういった家で／一応あの場所を指定しましてもちろん全部でやっても構わないんですけれどもーまぁこの読みをまず始めの部分というのをえー注目をしてにおける人物設定についてみなさんに意見を言ってもらいました
3. 生徒が反応し続けることを励ます役割	e. 生徒の発言に対して，感嘆したり，相づちを打ったりする発話。	e. （生徒が文章を読んでいる時に）うん／（生徒の発言に対して）あーそっちですか／なるほど
	f. 生徒の反応を繰り返す発話。	f. （マントを衣という漢字に置き換えましたという生徒の発言に対して）日本語に，日本語に置き換えると衣というふうにした
	g. 生徒の発言を評価する発話。	g. あのそれぞれの人良い読みをしてくれたと思いますね／はい色に着目してくれました
	h. 発言した生徒にお礼を言ったり，発言を繰り返してもらうための発話。	h. （生徒が発言した後に）ありがとうございました／（生徒に発言を繰り返してもらう上で）えーじゃあすいません

第 2 章　生徒の読者反応を支援する教師の役割　　69

カテゴリー	カテゴリーの定義	発話例
4.　生徒の反応を広げたり深めたりする役割	i.　生徒の反応に対して，質問を行ったり，さらなる反応を要求する発話。	i.　（王の設定を直接的ではなくて間接的にしているという反応に対して）戸田さんごめんなさい。直接的じゃなく間接的にってどんなところをとって言っているかちょっと説明してください
	j.　生徒の反応を繰り返すのではなくて，抽象度を上げたり，具体的にしたりして言い換える発話，生徒間の反応を関連づける発話。	j.　（一人の少女が女官だという生徒の反応に対して）まぁ太宰治さんもあのみなさんが知っているように新釈諸国話とかそういったあの昔の話を題材にしてえ一本を作っていた人ですので一古典の素養は当然あったはずです。なにかそういった発想がこう読みながらその赤い衣を女性，少女にこう渡させよう〜そういうものとして考えられるんじゃないだろうか／まぁ戸田さんは会話を読んでいくということでのあの受け取り方の特徴また沢村くんはこうある会話の部分に着目しての読み取りえ一そんな意味での特徴を述べてくれました。
5.　一読者として自分の反応を示す役割	k.　生徒の反応に対して，自分の率直な感想を述べる発話。	k.　まぁこれは分からないですよねぇ／分かりました。その間々を考えていくということで
	l.　自分の作品解釈や学習課題に対する考えを述べる発話。	l.　（教師も生徒と同じように文章の一文を読む）友と友の間の真実は，この世でいちばん誇るべき宝なのだからな／（生徒が登場人物の動作が会話文ではなくて地の文で示されていると反応したのに対して）例えばじゃあ151頁の真ん中辺からちょっと前当たり言うなとメロスはいきり立って反駁したとかですね

* 発話における生徒の名前は全て仮名

する役割，3．生徒が反応し続けることを励ます役割，4．生徒の反応を広げたり深めたりする役割，5．一読者として自分の反応を示す役割である。

2.3.2　【分析2】教師の役割は授業の中でどのように変化するか

　授業中における教師の役割の変化を明らかにするために，2.3.1で見いだされた五つの役割を独立変数，授業の各場面を従属変数として，両者の関係を分析した。授業の各場面は，生徒の活動からみて次の三つとした。すなわち，「a．生徒が単元名や意見を書く場面」，「b．生徒全員で音読する場面」，「c．意見交換を行う場面」である。これら三つの場面と教師の役割との関係を表2.5に示す[7]。χ^2検定の結果，発話数の偏りは有意だった（χ^2

表2.5　読者反応を支援する教師の役割と生徒の活動場面との関係

		生徒の活動場面			
		a. 単元名や意見を書く	b. 全員で音読する	c. 意見交換を行う	合計
教師の役割	1. 教室全体を調整する	140▽ **	172▲	273	585
	2. 反応を生み出せるようにする	556▲	164▽	219▽	939
	3. 反応し続けることを励ます	5▽			
	4. 反応を広げたり深めたりする		150	627▲	782
	5. 一読者としての反応を示す	66	18▽	117▲	201
	合計	767	504	1236	2507*

* 教師による説明の発話（表2.2における4,5,7）を除外しているため，教師の発話総数（3907）と一致しない。

** 記号は残差分析の結果を示す（▲有意に多い，▽有意に少ない，$p < .05$）。

（6）＝ 814.52, $p<.01$）。教師の役割と生徒の活動場面とは，ある傾向をともなって関連があると言える。そこで残差分析を行った結果，「a. 単元名や意見を書く場面」では *2. 生徒が反応を生み出せるようにする役割*，「b. 生徒全員で音読する場面」では *1. 教室全体を調整する役割*，「c. 意見交換を行う場面」では *3. 生徒が反応し続けることを励ます役割*，*4. 生徒の反応を広げたり深めたりする役割*，*5. 一読者としての自分の反応を示す役割* が，それぞれ多かった。つまり，生徒が全員で音読する場合は教師が教室内の秩序を保つよう調整し，生徒が単元名や意見を書く場合は教師が反応を生み出せるよう促し，生徒が意見交換を行う場合は教師が生徒の反応を深化・拡大し，かつ一読者として意見も述べたと言える。このように，教師の役割は，生徒の活動場面により，適宜使い分けられていた。

2.3.3　【分析3】読者反応を支援する教師の役割のダイナミズムとは何か

　読者反応を支援する教師の役割のダイナミズムを明らかにするために，読者反応を支援する教師の役割五つ全てが表れた特徴的な事例（表2.6）を抽出

し，解釈的分析を行う。2.2.2で述べたように，「解釈としての再現性」（平山，1997，p.53）を高めるために，事象の時間量（約4分20秒），着目すべき要因（教師の役割）を示した。分析の開始と終了の基準は，観察した授業が教師と生徒の相互作用が中心で生徒間の相互作用はないという特徴を持っていたため，一人の生徒との相互作用の開始から終了までをそのまま分析の開始と終了にした。

　表2.6は，「走れメロス」冒頭部の会話に着目して表現上の特徴について意見交換を行った場面である。まず，挙手していた相川さん（仮名）を教師が指名した（329）。指名された相川さんは，これから発言する内容が「会話文の特徴で良い」（330）かどうかを確認し，教師はそれを認め（331），相川さんの発言を繰り返した（332）。番号333〜334まで相川さんが意見を述べ，その間，教師はずっと相づちを入れた。相川さんが意見を述べ終わると，教師はその意見を評価し（345，346），相川さん以外の生徒に向けて発話すると同時に（347），自分の感想を述べた（348）。その後，相川さんに意見を繰り返すように指示した（349，350）。相川さんが意見を繰り返した後（351〜353），教師は，意見を述べたことにお礼を言い（354），その意見がテクストのどの箇所に表れているのか質問した（355〜357）。この質問によって，相川さんはテクストのどの箇所に自分の意見が表れているのかを探し始め，テクストの該当箇所を指摘し，先に述べた意見をより具体的に言い直した（358〜382）。教師は，相川さんの意見を評価し（383），それを繰り返した（384，385）。そして，他の生徒に向けて，相川さんの意見がテクストの他の箇所にも表れていないかどうかを質問した（386〜368）。さらに，教師自身も探し始め，見つけた箇所を述べた（389〜392）。最後に，相川さんの発言をもう一度評価し（393），相川さんの意見に付け加えがないかどうかを他の生徒に確認した上で（394），次の意見交換に移った（395）。

　この場面で教師は，相川さんの反応を丁寧に受け止めて，それを評価する（役割3）とともに，さらにその反応を深めようと働きかけた（役割4）。同時

表2.6　生徒の読者反応を支援する教師の五つの役割の事例
（第六次　通算13時間目　「作品論」による学習33:34〜37:56より）

番号	話者	発話内容	役割
329	教師	じゃあ相川さんお願いします	1
330	相川	会話文の特徴で良いんですか	
331	教師	あーはいけっこうです	3
332	教師	会話文の特徴	3
333	相川	普通の小説では…セリフの後に…鍵括弧しま　るまるは言った鍵括弧	
334	教師	なるほど	3
335	相川	というような所が…省略されているが	
336	教師	うん	3
337	相川	この小説には…比較的書かれているが	
338	教師		3
339	相川	括弧形式は変わっているが	
340	相川	括弧閉じ	3
341	教師	はい、	
342	相川	ここに…感情等が補足されているので…会話　文は…至って端的に	3
343	教師	はい	
344	相川	そして話し言葉らしく書かれている	3
345	教師	良いですね	
346	相川	えー会話文とその周辺に合わせて目を向けて　いる非常に良い視野で捉えていますね	3
347	教師	えーちょっとまだ長くなったところがあ　るかもしれません	2
348	相川	内容も難しかったですね	
349	教師	もう一度お願いできますか	5
364	相川	6行目ぐらいをみてー	1
365	教師	うん	
366	相川	でー馬鹿なと暴君はしわがれた声で笑ったっ　て書いてあってー	3
367	教師	はいはい	
368	相川	あのーそこだと低く笑ったとか書いてあっ　てー	3
369	教師	うん	
370	相川	小説だったら馬鹿なハハハと笑ったりす　るんじゃないかと思うんですけどー	3
371	教師	はい	
372	相川	実際にこれは下に補足っていうかあるのでー　しかもと何々は言ったって書いてあるのでー	3
373	教師	はい	
374	相川	この実際に私たちが会話しているところで	3
375	教師	うん	
376	相川	見ているものと同じように	3
377	教師	うん	
378	相川	小説だから書き言葉のようになんかきちんと　した文章	3
379	教師	はい	
380	相川	長く状況を説明するんじゃなくて	2
381	教師	うん	
382	相川	ただその場にいる人が発したように書かれて　いると思います	5

第2章　生徒の読者反応を支援する教師の役割　73

番号	話者	発話	
350	教師	普通の速度で良いと思いますので	1
351	相川	普通の小説ではセリフの後に鍵括弧とまるま　るは言うったという ような文が省略されている　がこの小説は、この小説には比較的書かれて　いる	
352	相川	括弧形式は変わっているのが括弧閉じ	
353	相川	そこに感情等が補足されているので会話文は　至って端的にそして話し言葉らしく書かれて　いる	3
354	教師	ありがとうございます	
355	教師	えーと具体的にもちょっとこの辺のっていうのを　言ってもらっても大丈夫ですか	4
356	教師	私もこの辺あたりじゃないかなあると私は思って　るんですけど	5
357	教師	例えば	
358	相川	とりあえず全体をみて—　うん	4
359	教師	あの「と」(筆者注：何を指す語か不明。本　文「「はかな。」と暴君は」の「と」か？)、　「と」までさえっていー	3
361	教師	じゃあ「と」いきましょうね	3
362	相川	じゃあ152ページの	
363	教師	はい	3
383	教師	はい良いですね	3
384	教師	今152ページの例を挙げてくれました	3
385	教師	えー馬鹿なと暴君はしわがれた声で低く笑っ　た	3
386	教師	さて同じような表現他でも探せますかね	2
387	教師	何々と誰々は何とかといふふうに [5.0]	2
388	教師	そういうふうにこころみてみるとよろしいで　しょうね	2
389	教師	例えばじゃあ151ページの真ん中辺から　ちょっと前当たり言うとメロスはいきり　立って反駁したとか言うですよ	5
390	教師	えー信じてはならぬ暴君は落ち着いてつぶや　き、ほっとため息をついた	5
391	教師	何かといういった会話の後の部分ですね	5
392	教師	えー下賤の若王はきっと顔をあげてむくいた　といった辺りのところでしょうかね	5
393	教師	はいえー非常に良いところに目を付けている	3
394	教師	さえーと会話文の特徴というところにそれに対　して意見よろしいですか	2
395	教師	じゃあ具体的にあのーもっと細かいところに　目を付けた人もいるかと思いますのでとりあ　えず広げましょう	1

に，教師は他の生徒にも注意を向け，相川さんの意見をメモしたり，テクストの該当箇所を探したりするよう働きかけた（役割2）。教師自身も一読者として，相川さんの意見についてテクストの該当箇所を探したり，その意見を一般化したりした（役割5）。こうした一人の生徒との比較的長いやり取りの後，次の生徒とのやり取りに移った（役割1）。

　したがって，生徒の読者反応を支援する教師の役割は，【分析2】が示すように場面ごとの固有性がある一方，生徒との相互作用の中でダイナミックに変化すると言える。

2.4　考察

　本章では，生徒一人ひとりの読者反応を大切にする実践を継続して行ってきた教師による一連の授業を観察し，日本の中学校の国語科という文脈において「生徒の読者反応を支援する教師の役割」を明らかにした。

　米国の幼稚園から小学校低学年の絵本の読み聞かせ場面を観察して，Sipe（2008）が明らかにした「生徒の読者反応を支援する教師の役割」のポイントは，(1)教師は一つの役割ではなく，複数の役割を演じること（0.3.3，表0.7），(2) Pearsonら（1982）やRaphaelら（2002/2012）のモデルから示唆される段階的・固定的な役割ではなく（01，図0.1，図0.2），生徒との相互作用で「刻々と変化する」（Clark & Graves, 2005）ダイナミックな性質を持つこと，以上2点だった。日本の中学校の国語科という文脈においても，【分析1】により「生徒の読者反応を支援する教師の役割」は複数あることが明らかになった（2.3.1，表2.4）。また，【分析3】により生徒との相互作用の中でそれらの役割がダイナミックに変化する性質を持つことも明らかになった（2.3.3，表2.6）。このようにSipe（2008）の知見と本章で得た知見は基本的には共通しているため，「生徒の読者反応を支援する教師の役割」は教室や学齢の違いはあっても，ある程度，一般化して捉えられると考えられる。

一方，Sipe（2008）と本章で得た知見には違いも認められた。Sipe（2008）が提示する教師の役割と，本章が見出した教師の役割の関係を表2.7に示す。大きな違いは，⑴Sipe（2008）の１．*読者の役割*が本調査ではほぼなかった点，⑵本調査の２．*生徒が反応を生み出せるようにする役割*に含まれる b. **生徒に具体的な活動の内容を指示するための発話**が Sipe（2008）にない点，以上２点である。なお，Sipe（2008）の１．*読者の役割*は，教師による生徒への絵本の読み聞かせを指し，教師が文章に対する自分の解釈を述べた発話を指す本章の５．*一読者としての自分の反応を示す役割*とは全く別ものである。Sipe（2008）の役割で言うと，４．*共に探究する人，あるいは思索家*がほぼそれに対応する。

Sipe（2008）の１．*読者の役割*が本調査になかった直接の理由は，文章を読む行為が教師による読み聞かせではなく，生徒全員が一文ずつ交代で音読する形態だったためである。その背景には，次の理由が考えられる。Sipe

表2.7　Sipe（2008）と第２章で見出した教師の役割の関係

Sipe（2008）が提示する教師の役割		本章が見出した教師の役割
１．読者	→	なし
２．支配人と励ます人	→ →	１．文学を読む集団として教室全体を調整する役割 ３．生徒が反応し続けることを励ます役割
３．明らかにする人，あるいは励ます人	→ →	２．c. 教材解釈や学習課題に関する質問形の発話 ４．i. 生徒の反応に対して，質問を行ったり，さらなる反応を要求する発話
４．共に探究する人，あるいは思索家	→	５．一読者としての自分の反応を示す役割
５．拡張する人，あるいは洗練させる人	→ →	２．d. 学習に関する情報・知識を伝達するための発話 ４．j. 生徒の反応を繰り返すのではなくて，抽象度を上げたり，具体的にしたりして言い換える発話
なし	→	２．b. 生徒に具体的な活動の内容を指示するための発話

(2008, p.30) は，本を読む時，本文だけでなく表紙や見返しなどまで読むことが重要であるという立場から，教科書ではなく，市販の絵本を用いる教師の観察を行った。絵本の場合，本文以外の様々な情報から物語を「読む」ことができる。例えば，「スズメ少年の冒険」（Pinkney, 1997）のように，表紙のタイトルが緩やかなカーブの太いブロック体で書かれていることによって，これは「スーパーマン」みたいなお話かもしれないと本文を読む前から予測できる（Sipe, 2008, p.92）。Sipe（2008）が観察した教室は，入門期の読者を対象にしたため，絵本をどう読めば良いか，実際に教師が読者としての姿を生徒に示すことが重要だったと考えられる。実際，教師の全発話中，4分の1を少し超える程度がこの1. *読者の役割*としての発話だったと Sipe（2008, p.201）は述べた。一方，本章で観察した授業は中学校の国語科の授業だった。幼稚園児や小学校低学年の児童と異なり，中学生は読者としての経験を積んできているため，1. *読者の役割*の重要性は相対的に低かったと考えられる。

　本章で見出した2.b. **生徒に具体的な活動の内容を指示するための発話**がSipe（2008）に含まれなかった理由は，国語科としての授業か教科外の自由な読み聞かせかという文脈の違いが大きかったと考えられる。本章で観察した授業は，「文学の学び方」を学習するために計画された単元であり，明確な学習目標が教師にあった。一方，Sipe（2008, pp.4-5）は，教育内容に根拠を求め，あらかじめカリキュラムが定められる米国教育界の動向について，読む行為が限定されたものになると批判した。この問題意識に基づき，明確な学習目標を設定する教師ではなく，読み聞かせの時に生徒が自由に話すことを重視し，生徒が話したことに注意深く耳を傾ける教師を対象にした（Sipe, 2008, p.1）。両フィールドにおける学習目標の位置づけの違いが，2.b. **生徒に具体的な活動の内容を指示するための発話**の有無につながったと考えられる。

　教室での読書において，どのような学習課題（目標）を与えるかは，生徒

の読みに大きく影響する（Ruddell & Unrau, 2004a, 2004b, 2013, 0.2）。Sipe（2008）と本章における 2 .b. **生徒に具体的な活動の内容を指示するための発話**の有無は，Ruddell らがモデルとして提示したことを裏づける結果だったと言える。Sipe（2008）が指摘するように，学習目標や学習課題が生徒の読む行為を限定する方向に働いてはいけない。先行する調査研究の結果を踏まえると（0.3.4），物語創作課題を与えることが生徒の読みを画一的で限定されたものにしない，多様で豊かな読者反応を促す可能性が示唆される。物語創作課題が生徒の読みを豊かなものにする効果があるかどうかを検証することを第 4 章の具体的な調査課題とする。

【第 2 章　注】

1 ）　この実践をもとに発表された論文は，2000年に行った実践にもとづく（飯田, 2002）。本単元は，年度ごとに修正が加えられてきた実践であるため，通読をリレー読みで行うか朗読の CD を聞くかという細かな違いも含め，いくつかの相違点がある。今回観察した単元と飯田（2002）の大きな違いは，今回の単元は第五次に「メディア」の学習が挿入された点である。

2 ）　第 1 章と同じ学校での調査だったため，研究倫理委員会には，計画変更の申請を行い，平成24年 5 月 1 日付けで承認を得た（課題番号　計画変更23-145）。当然，学校長に対しては，あらためて調査内容に関する説明を行い，承諾（承諾書への捺印）を得た。

　　　課題名：国語科における文学教材の〈読み〉の「発達」および「個性」に関する調査研究

3 ）　「記録ノート」とは，観察校で継続的に行われている学習形態の一つである。毎回，生徒の一人が記録者となって，授業の流れ，板書，教師と生徒の発話を記録して，最後に感想を記す。記録者は発言を求められず，記録の活動に専念する。

4 ）　分析協力者は，国語科教育学を専攻する大学院生（博士前期課程 2 年生）だった。

5 ）　表2.3の手順 2 の時点において，筆者と分析協力者の一致率は86.2% であった。一致しなかった発話についても，そのパターンが限られていたため，比較的ス

ムーズにコーディング・スキーマの修正が行われた。

6） 発話機能は，談話を分析する際に重要な分析の観点となり得る（例えば，Sza-torawski（1993））。今回用いた a～l の発話機能を創出するに当たって Sza-torawski（1993）に加えて，清水・内田（2001），松尾・丸野（2007）を参照した。

7） 単元名や意見を書く場面と生徒全員で音読する場面において，3．*反応を広げたり深めたりする役割*に分類される発話がなかったため，4．*反応し続けることを励ます役割*と併せて表を作成し，4×3のクロス表として検定を行った。

第 3 章
「読み書きが苦手」な生徒の意味形成過程における支援の実際

　本章では，「読み書きが苦手」とされる生徒が，教師やクラスメイトとのやり取りを通して「故郷」（魯迅）と「藤野先生」（魯迅）の読みをどう深めていったかを分析します。教師やクラスメイトとのやり取りの中に，読みを深めるための支援としてどんな機能が含まれているかを明らかにすることが本章の目的です。

3.1 本章の目的

第1章では，筆者が行った授業について，生徒が授業で生じた意味交渉を踏まえて感想文を書けたかを分析し（1.3.2），「読み書きが苦手」な生徒が読みを深めて感想文を書く過程でどのような支援が行われているか，という調査課題を特定した（1.4）。

そこで本章では，日本の大多数を占める公立中学校の通常学級を対象とし，さらに「読み書きが苦手」と教師から認識されている生徒に着目して，彼が読みを深めるためにどのような支援が行われたかを明らかにすることを目的とする。第2章では，主にクラス全体での話し合いにおける教師の役割に注目して授業を観察したのに対し，本章では，特定の生徒に着目して彼が感想文を書く過程における支援の実際を観察する。本章では，支援者に教師だけでなく他の生徒も含まれる。

3.2 研究の方法

3.2.1 調査の方法

調査フィールドとして，関東地区の郊外にある A 公立中学校を選定した。この学校を選定した理由は(1)「読み書きが苦手」な生徒が多く在籍する[1]，(2)この学校に勤務する教師が，筆者の所属する大学において長期研修し，小グループの話し合いを重視した実践を行っている，以上2点である。対象としたクラスは，この教師が担任する中学3年生の学級（男13女14計27名）だった。調査の実施に当たっては，筆者が所属する大学の研究倫理委員会の申請を経た研究計画書をもとに，学校長に研究説明を行い，承諾を得た[2]。調査期間は2014年11月19日〜12月11日（全11時間）だった。

第3章 「読み書きが苦手」な生徒の意味形成過程における支援の実際　81

　観察した授業の概要を授業形態，授業の概要，言語活動ごとに表3.1に示す。授業で用いた教材を図3.1～3.8に示す。なお，例示は全て「読み書きが

表3.1　観察した一連の授業の概要

	授業形態	授業の概要	言語活動
第1時	全体	教師が，これから学習する教材の題名と作者（「故郷」（魯迅））を板書して提示する	
	全体	一文ずつ全員で「故郷」を読む	読む
	全体	教師が教室全体に向かって「故郷」を読んだ感想を聞き，多くの生徒が「難しい」と反応する	
	個人	ワークシート1を配布し，「素直に自分が思ったことを書いて良い」と教示し，感想を書かせる	書く【ワークシート1】
第2時	個人	前回やった内容を振り返り，「おもしろいと思ったところ」，「なぜだろうと思ったところ」など感想を書く観点を例示した上で，感想文の続きを書かせる	書く【ワークシート1】
	小グループ	小グループの形態にして，各グループごとに感想を読み合い，良かったところ，分かりにくいところ，ここはこうした方が良い点などをワークシート1の後半に書く	話し合い【ワークシート1】
	全体	各グループで出た意見をクラス全体に発表させる	
	全体	各グループで出た意見を整理し，単元の目標「他者に通じる文章を書く」を提示する	
	全体	作者「魯迅」と，作品が書かれた当時の中国の社会状況を解説する	
第3時	全体	プリントをもとに，前回解説した内容を確認する	
		板書をもとに，マップを作る目的，作り方を教示する	
		カテゴリーの一つ「希望」が本文に何か所でてくるかを調べさせ，繰り返し出る語だと確認する	
	個人（形態は小グループ）	個人で意味マップを作成する	書く【ワークシート2】
第4時	全体	本時の目標（個人で作ったマップを小グループで一つにまとめる）を提示し，個々人で作ったマップを比べる時の観点（同じ言葉・自分しか使っていない言葉）を教示する	
	小グループ	お互いの意味マップを見比べて共通している語，異なる語を探す	話し合い
	小グループ	模造紙を用いて小グループで一つの意味マップを作成する	話し合い【模造紙1】
第5時	小グループ	模造紙に作成した意味マップをクラス全体に説明する準備をする	
	全体	単元の目標「他者に通じる文章を書く」という目標を確認し，各グループの意味マップを聞く時の着眼点（他の人がどういうところに着目しているか，自分が使っていなかった語や考え）を教示する	
	全体	各グループの作成した意味マップの説明を聞く	
	全体	マップ作成の活動を踏まえながら再度「故郷」の感想を書くように指示する	
	個人	個人や小グループで作った意味マップを参考にして，2回目の「故郷」の感想を書く	書く【ワークシート3】

表3.1（続） 観察した一連の授業の概要

	授業形態	授業の概要	言語活動
第6時	全体	これまでに学習してきたことを振り返り，最初の感想を書いた後に受けたアドバイス，個人・小グループで作成したマップを参考にしながら，「最初に書いた感想よりもより良いものを目指して」感想を書くように指示する	
	個人	2回目の「故郷」の感想を書く続き	書く【ワークシート3】
	全体	最初に書いた「故郷」の感想と比べてどこが良くなったのかに注目し，お互いに書いた感想を読み合うように指示する	
	小グループ	小グループでお互いに感想を読み合い，良くなった点をワークシート3に書く	話し合い【ワークシート3】
	全体	最初に書いた感想と比べて良くなった点をクラス全体に発表する	
	全体	最初に書いた感想に書かれていたアドバイスに注目させ，今回書いた感想で達成できたかどうかを質問する 多くの生徒が「前より良くなった」と反応する	
第7時	全体	前回までにやったことを振り返り，同じ作者の違う作品を取り上げて比べ読みを行うことを伝える	
	全体	これから読む作品は，魯迅が作家になる前の話だと教示する	
	全体	一文ずつ全員で「藤野先生」を読む	
	個人（形態は小グループ）	「藤野先生」を読んだ感想を書く	書く【ワークシート4】
第8時	全体	前回やった内容を振り返り，5分ほど前回書いた感想を見直す時間を取った後，小グループでお互いの感想を読み合うことを伝える	
	個人	初発の感想続き	書く【ワークシート4】
	小グループ	小グループでお互いに書いた文章を読んで，良い点や課題を書く	話し合い【ワークシート4】
	全体	グループで出た良い点や課題をクラス全体に発表する	
	全体	最終的には「故郷」と「藤野先生」を関連づけて感想を書くという目標を提示し，そのために意味マップを作成すると伝える	
	全体	「故郷」と「藤野先生」を関連づけるために何を中心語にすれば良いか，考える観点を「舌切り雀」と「浦島太郎」を関連づけた意味マップを例に教示する	
	個人（形態は小グループ）	「故郷」と「藤野先生」を関連づけるための中心語を考える	書く【ワークシート5】

第3章 「読み書きが苦手」な生徒の意味形成過程における支援の実際　83

	授業形態	授業の概要	言語活動
第9時	全体	「故郷」と「藤野先生」を関連づけて感想を書くために意味マップを作成することを確認し，本時の流れ（前半は個人でマップを作成する時間，後半はグループで意味マップを作成する時間）を説明する	
	個人（形態は小グループ）	個人で意味マップを作成する	書く【ワークシート5】
	全体	自分が選んだ中心語をグループで話し合い，小グループで中心語を何にするのかを決め，小グループで一つの意味マップを作るように指示する	
	小グループ	模造紙を用いて小グループで一つの意味マップを作成する	話し合い【模造紙2】
第10時	全体	本時の内容（前半は小グループで意味マップを作成する時間，後半は作成した意味マップをクラス全体に発表する時間）を説明する	
	小グループ	小グループで作成する意味マップの続き	話し合い【模造紙2】
	全体	各グループの発表を聞く時，自分の感想に使えると思った語をメモするよう指示する	
	全体	各グループの作成した意味マップの説明を聞く	
第11時	全体	マップの発表続き	
	全体	中心語として何が多く出ていたかを確認し（魯迅，希望，変化），個人・グループで作った意味マップをもとに「故郷」と「藤野先生」を関連づけて感想を書くように指示する	
	個人	「故郷」と「藤野先生」を関連づけて感想を書く	書く【ワークシート6】
	全体	各グループが作成した意味マップの語（「希望」や「思い出」，「再会」，「出会い」，「変化」，「新しい生活」，「別れ」）に着目させて，自分の生活に置き換えて感想を書くという視点を教示する	
	個人（形態は小グループ）	小グループの形態にして，感想を書く続きの時間をとる	
	小グループ	小グループでお互いに書いた文章を読んで，最初の感想と比べて良くなった点を書く	話し合い【ワークシート6】

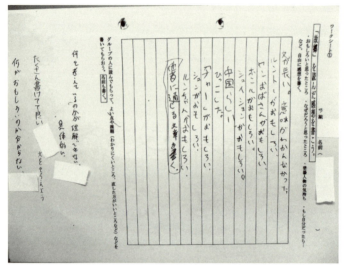

図3.1 【ワークシート1】「故郷」の初読後の感想

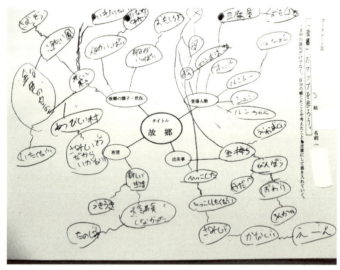

図3.2 【ワークシート2】「故郷」の意味マップ

第 3 章 「読み書きが苦手」な生徒の意味形成過程における支援の実際　85

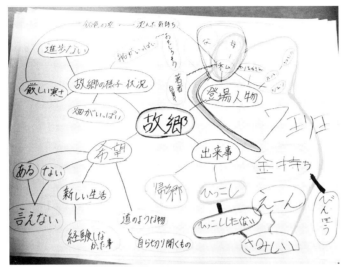

図3.3 【模造紙1】小グループで作成した「故郷」の意味マップ

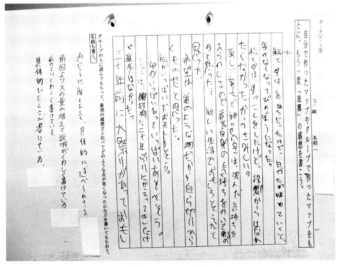

* ワークシートの裏に「そう。行きたい。」の記述があった。

図3.4 【ワークシート3】意味マップ作成後の「故郷」の感想

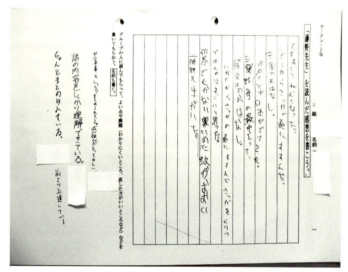

図3.5 【ワークシート4】「藤野先生」の初読後の感想

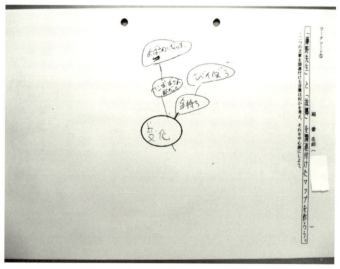

図3.6 【ワークシート5】「故郷」と「藤野先生」を関連づけた意味マップ

第 3 章 「読み書きが苦手」な生徒の意味形成過程における支援の実際　　87

図3.7　【模造紙 2】小グループで作成した「故郷」と「藤野先生」を関連づけた意味マップ

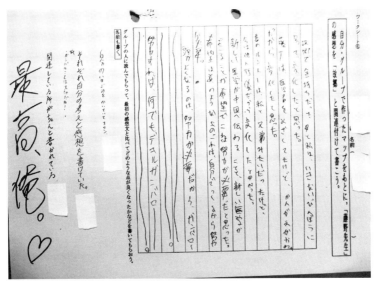

図3.8　【ワークシート 6】「故郷」と「藤野先生」を関連づけた感想

苦手」な佐藤くん（後述）の記述（模造紙は佐藤くんが属する小グループによる共同作成）による。

3.2.2 授業計画

　筆者は一連の授業を計画する段階から関わった。あらかじめこの教室で行った調査から，仲の良い友人にしか通じない事柄（例えば，友人のあだ名）を用いて文章を書く傾向が明らかにされていた。筆者は教師にBernstein (1974/1981) の言う「制限コード」（restricted code）と「精密コード」（elaborated code）を使い分けられないことが学力調査における得点の低さに繋がっている可能性があると伝えた[3]。これを踏まえ，小グループを中心とした授業形態にして，「読み書きが苦手」な生徒が学力調査で高得点をとった生徒と交流できる場を多く設定した[4]。「読み書きが苦手」な生徒が，他者に通じない文章を書いた場合，学力調査で高得点をとった生徒から修正のアドバイスをもらえるという明示的な効果に加え，学力調査で高得点をとった生徒の学習課題への取り組みや成果を見て参考にすることを期待したためである。また，読みを深める方法として「意味マップ法」（semantic mapping）を用いた[5]。この方法により，生徒は自由に連想を広げ個性的な反応を促せる。加えて，多くの人が共通して用いた語に着目させれば，より多くの人に通じる語を用いて文章を書けると考えたためである。さらに，「故郷」を読んだ後，同一作者による類似するテーマや構造で書かれた「藤野先生」を読む学習活動を設定して，生徒が一つの文章を超えて読みを広げたり深めたりできるよう配慮した[6]。「故郷」と「藤野先生」の要約を図3.9，図3.10に示す。

　以上の計画に当たり，筆者と教師で3回直接話し合うと同時に，複数回電子メールでやり取りを行った。事前の計画では全9時間の予定だったが，第8時〜第10時の中心語やカテゴリーを生徒に考えさせて意味マップを作る課題が予定より長引いたため，全11時間になった。学習課題や活動自体は予定

第3章 「読み書きが苦手」な生徒の意味形成過程における支援の実際　89

「わたし」は20年ぶりに故郷に帰った。故郷に「わたし」が記憶する美しさはなく，わびしいものだった。人々も変わり果て，「豆腐屋小町」と呼ばれた楊おばさんの脚はやせ細り，まるで「コンパス」のようだった。「わたし」のヒーローだった閏土（ルントー）と再会し，彼が「だんな様!……」と言った時，「わたし」は言いようのない悲しみを覚えた。しかし，「わたし」の甥（ホンル）と閏土の息子（シュイション）は，かつての「わたし」たちのように交流する。「わたし」は彼らの姿に未来への希望を見出すと同時に，自分の道を進む決意を固めた。

図3.9　「故郷」（魯迅）の要約

中国人留学生の「わたし」は仙台の医学専門学校で藤野先生に出会う。藤野先生は，着る服に無頓着な変わり者だが，「わたし」の講義ノートを毎週丁寧に添削した。しかし，そのために「わたし」は同級生にカンニングを疑われた。中国人が実力で高得点をとれるはずがないと彼らが考えたためだった。ある日，「わたし」は中国人の処刑を無関心に見物する同胞の姿を見，自国に深い失望を覚えた。「わたし」は，そんな「愚弱な国民」の「精神を改造」するために，医学の道を辞め，文学の道を歩みだした。作家となった「わたし」は，今でも折に触れて，医学や中国のために「わたし」に希望を見出し，熱心に指導してくれた藤野先生を思い出す。

図3.10　「藤野先生」（魯迅）の要約

通り行われた。

　記録は，教師と相談の上，とくに注目したい「読み書きが苦手」な生徒（佐藤くん：仮名，以下生徒の名前は全て仮名）がいる小グループを中心に行った。「読み書きが苦手」な生徒の中で，とくに佐藤くんに着目した理由は，授業中の発話が多く，課題に取り組む意志を持つためだった。この小グループは，学力調査で高得点をとっただけでなく，リーダーシップもあり授業者から信頼されている幸田くん，学力調査の結果は平均程度だった羽田さん，佐藤くんと同じく「読み書きが苦手」だと教師から認識されている佐伯さんと三好くん，以上5名だった。筆者はこの小グループの近くで授業を観察し，佐藤くんが他の生徒や教師とやり取りをしている様子，課題に取り組んでいる様子などをメモした。この小グループには，ミーティングレコーダー

を設置し，映像と音声の記録を行った。さらに，教室の後方にビデオカメラを設置し，全体の映像と音声を記録した。授業終了後，トランスクリプトを含むフィールドノーツを作成した。フィールドノーツの信頼性を高めるために，フィールドノーツ作成時に機械による映像・音声記録を繰り返し確認すると同時に，授業前後，教師と授業や佐藤くんの様子について話し合った。

3.2.3　分析の方法

得られた資料のうち，佐藤くんが教師や他の生徒と交流した場面のトランスクリプト，生徒がワークシートに書いた感想文を対象に分析する。

分析のため設定したリサーチ・クエスチョンは以下の三つである。

> RQ1：「読み書きが苦手」な佐藤くんは一連の授業を通して読みを深めることができたか？
>
> RQ2：「読み書きが苦手」な佐藤くんは課題に取り組む時，教師や他の生徒とどう関わっていたか？
>
> RQ3：「読み書きが苦手」な佐藤くんは読みを深める時，教師と他の生徒からどんな支援を受けたか？

RQ1に答えるために，カテゴリー分析とテキストマイニングによる分析を行った。カテゴリー分析は，Rosenblatt（1978）の提示する「情報を取り出す－喜びを味わう」スタンスと文学理解の深さの関係を実証的に調べた，Many（1994）の枠組みを用いた（表3.2）。筆者とデータ分析協力者[7]が独立に分類した。分類の一致度を示すCohen's kappa係数[8]は0.49と，やや低めだった。一致しなかった箇所は，より詳しい定義と分析例が示されたMany（1989）を参考に協議し決定した。テキストマイニングは，記述量の分析と，生徒が書いた感想に多く出現する語の分析を行った[9]。

RQ2に答えるために，小グループ5人の発話頻度と相互作用パタンを，

表3.2　Many（1994）が生徒の文学理解の深さを捉える上で設定した基準[10]

理解の深さ	定義
1	物語の字義的な意味以上の理解を示さない
2	物語中の出来事について何らかの解釈をしている
3	自己や世界との比較を通して物語中の出来事を理解している
4	一般化された考えや人生に関する理解に到達している

表3.3　佐藤くんに対する支援内容の分類手順

手順1	筆者が全てのトランスクリプトを読み，暫定的に分類し，各カテゴリーの名称と定義を決める。
手順2	データ分析協力者*が全てのトランスクリプトを読み，筆者が作成したカテゴリーに分類する。筆者が作成したカテゴリーに当てはまらないと考えた事例は新たにカテゴリーを創出し，名称と定義を決める。
手順3	筆者とデータ分析協力者で分類結果が一致したかどうか確認し，一致しなかった箇所については協議し決定する。新たなカテゴリーがあった場合，協議し調整する。筆者とデータ分析協力者で支援と言える事例かどうか意見が分かれた箇所も協議し決定する。

*筆者が所属する大学に長期研修にきていた中学校国語科の教諭

　小グループに対して向けられた教師の発話を含めて分析した。分析対象は，第9時の談話にした[11]。その理由は(1)1時間を通して映像と音声の記録が鮮明に得られた，(2)1時間を通して小グループの形態で授業が行われた，(3)個人で課題に取り組む時間と小グループで課題に取り組む時間の両方を含む，(4)筆者が観察した時の実感として他の時間の発話頻度や相互作用パタンと大きな違いがなかった，以上の4点である。

　RQ3に答えるために，佐藤くんの教師や他の生徒との相互作用場面のトランスクリプト全てを対象に談話分析を行った。分析の単位は，一つの話題をめぐる教師（あるいは他の生徒）と佐藤くんのやり取りとした。分析手順を表3.3に示す。

3.3 分析

3.3.1 【分析1】「読み書きが苦手」な佐藤くんは一連の授業を通して読みを深めることができたか

クラス全体の傾向と合わせ，(1)記述量，(2)理解の深さ，(3)使用語彙の順に分析結果を示す。

3.3.1.1 意味マップ作成後に感想の記述量は増えたか

通常，記述量の増加は生徒が感想をより詳しく書いたと評価できる[12]。すなわち，読みの深まりの一側面と捉えられる。今回観察した授業では，読みを深める方法として「意味マップ法」を用いた (3.2.2)。それが有効であれば，意味マップ作成後に記述量が増えたはずである。そこで，意味マップ作成前後を独立変数，感想の記述量を従属変数として，「故郷」の初読後の感想【ワークシート1】と意味マップ作成後の感想【ワークシート3】を対象に分析する[13]。意味マップ作成前後における記述量の変化を図3.11に示す。

対応のある t 検定を行った結果，佐藤くんを除いたクラス全体の傾向として，意味マップ作成後に記述量が有意に増加したことが分かった ($t(25) = -4.78$, $p<.05$)。また，佐藤くんも意味マップ作成前は，クラス平均より少ない記述量だったのに対し，意味マップ作成後，クラス平均まで記述量が増加した。すなわち，記述量からみて，佐藤くんは意味マップ作成を通して読みを深めたと言える。

3.3.1.2 一連の授業を通して理解は深まったか

Many（1994）による理解の深さの尺度に基づき評定した結果の平均を図3.12に示す。対応のある一元配置の分散分析を行った結果，平均値の偏りは

第3章 「読み書きが苦手」な生徒の意味形成過程における支援の実際　93

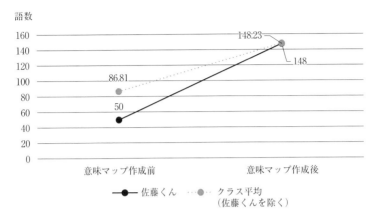

図3.11　意味マップ作成前後における記述量の変化

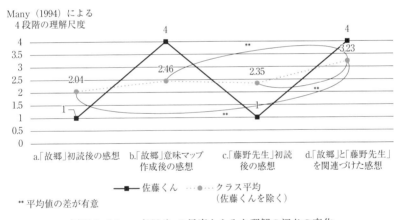

** 平均値の差が有意

図3.12　Many（1994）の尺度からみた理解の深さの変化

有意だった（$F(3,75)=11.27, p<.05$）。そこで，テューキーのHSD法による多重比較を行った。結果を図3.12に弧線と**で示した。図3.12より，最後のd.「藤野先生」と「故郷」を関連づけた感想文において，Many（1994）の尺度による理解の深さの平均値が3.23と，生徒たちが最も深く読んだことが分かる。つまり，クラス全体の傾向として，一連の授業を通して理解を深め

94

ることができたと言える。一方，佐藤くんは，「故郷」の意味マップ作成後
に書いた感想の時点ですでに Many（1994）の尺度による理解の深さが 4
と，最も深い理解に到達していた。

3.3.1.3　一連の授業を通して感想に用いた語彙はどう変化したか

　クラス全体について，a〜d の各感想文で出現件数が多かった語を表3.4に
示す[14]。統計上，有意な差は認められなかったものの，a.「『故郷』初読後
の感想」と b.「『故郷』意味マップ作成後の感想」では，Many（1994）の尺
度による理解の深さの平均値が2.04から2.46に上がっていた（図3.12）。この
上昇がどのような語の使用として現れていたかを調べるために，aと b で入
れ替わりがあった語と，その係り受け解析の結果を表3.5に示す。加えて，
d.「『故郷』と『藤野先生』を関連づけた感想」が Many（1994）の尺度によ
る理解の深さの平均値が3.23と最も深かった。これがどのような語の使用と
して現れていたかを調べるために，dで初めて上位に入った語と，その係り
受け解析の結果を表3.6に示す。

　表3.4〜表3.6から以下のことが分かる。

　a.「故郷」初読後は，語の字義的な意味に反応した感想が多い（表3.5「難
しい」，「おもしろい」，「言葉」，「分かる」の例を参照）。物語内容に対する反応で
も，本文を引用して「ぐっときた」と印象を述べたり（表3.5「人」の例を参
照），「登場人物が多くてややこしいと思った」（表3.5「多い」の例を参照）と
言ったり，「物語中の出来事について何らかの解釈をしている」（表3.2）段階
に達してない。

　一方，b.「故郷」意味マップ作成後の感想は物語中の設定や出来事，筋に
関する反応が認められた（表3.5「変わる」，「昔」，「良い」，「帰る」の例を参照）。
これに解釈を加えた「悪い変化だ」や「相当ショックを受けて」といった感
想もあった（表3.5「変化」，「ない」の例を参照）。さらに，「希望を応援してく
れる人が不可欠」といった「一般化された考えや人生に関する理解に到達し

第 3 章 「読み書きが苦手」な生徒の意味形成過程における支援の実際 95

表3.4 各時期の感想で出現件数が多かった語

順位	a.「故郷」初読後		b.「故郷」意味マップ作成後		c.「藤野先生」初読後		d.「藤野先生」と「故郷」を関連づけ	
	出現語	出現件数	出現語	出現件数	出現語	出現件数	出現語	出現件数
1	思う	20	思う	22	藤野先生	23	故郷	27
2	ルントー	14	ルントー	22	思う	22	藤野先生	27
3	故郷	13	する	18	する	18	する	25
4	話	13	故郷	18	ある	10	希望	24
5	する	10	私	18	人	9	思う	23
6	*主人公**	10	なる	18	見る	9	*魯迅*	18
7	*難しい*	10	*変わる*	14	私	8	なる	17
8	*おもしろい*	9	*昔*	14	主人公	8	ルントー	16
9	私	9	*変化*	13	難しい	8	*新しい*	15
10	なる	9	話	13	中国	8	ある	15
11	*人*	8	*良い*	12	ない	8	変化	15
12	*言葉*	8	ある	12	言う	8	話	15
13	ある	8	*ない*	12	話	8	私	14
14	*分かる*	8	*帰る*	11	書く	7	中国	14
15	*多い*	8	*希望*	10	日本	7	*医学*	14
16	*読む*	8	*伸*	10				

* 下線斜体はaとbで入れ替わりがあった語，またはdで初めて上位に入った語を示す。

ている」（表3.2）反応もあった（表3.5「希望」の例を参照）。

　最も深い理解を示した d.「藤野先生」と「故郷」を関連づけた感想は，新たに「魯迅」，「新しい」，「医学」が出現件数上位に入った。また，表3.4より，「希望」に着目した生徒もbからdで14名増えた（10→24名）ことが分かる。上述したように，「希望」を用いた生徒が最も深い理解を示していた。この語を用いた生徒が増えたことが，dで最も深い理解を示す一因になったと考えられる。加えて，新出語の「新しい」をみると，「生活」や「医学」と共起し，例では「希望」とも共起したことが分かる。高校進学を控えた中学3年生の12月という時期にあって，生徒が自分の「新しい生活」と魯迅の言う希望としての「新しい生活」を結びつけて感想を書く傾向に

表3.5　aとbで入れ替わりがあった語と，係り受け

b. でなくなった語	代表的な係り受け	例
主人公	自分＋主人公	もし自分がこの主人公であれば，ストレスがたまって，面倒くさがってやらなくなると思う。
難しい	難しい＋思う	例えば「サスマタ」や「閏月」や「五行の土が欠けている」などの言葉が難しいと思った。
おもしろい	おもしろい＋思う	「ランペイ」地方独特の名があっておもしろいと思った。
人	歩く＋人	「もともと地上に道はない。歩く人が多くなれば，それが道になるのだ」にぐっときた。
言葉	言葉＋多い	聞きなれない言葉が多いからだろうか。
分かる	意味＋分かる	意味が分かんなかった。
多い	登場人物＋多い	登場人物が多くてややこしいと思った。
読む	読む＋思う	もう読みたくないと思った。

b. で新しく入った語	代表的な係り受け	例
変わる	様子＋変わる	だが，現在，二人の関係も変わってしまい，村の様子も変わっている。
昔	昔＋違う	（略）久しぶりに帰ってみると故郷は昔と違ってわびしくなったり（略）
変化	悪い＋変化	故郷の変化は，活気がなくなり空模様が怪しくなるという悪い変化だ。
良い	仲＋良い	昔は金持ちでルントーと兄弟みたいに仲が良かった。
ない	活気＋ない	（略）自分の故郷がこんな活気なくさみしい村で相当ショックを受けて（略）
帰る	故郷＋帰る	20年経って，久しぶりに故郷に帰った。
希望	希望＋持つ	また，私はルントーとの再会で希望を持った。（中略）「道」は「希望」なのだから，やはり希望をより叶えるには，その希望を応援してくれる人が不可欠だと思った。
仲	上述の「良い」と同じ	

あったと考えられる。

　佐藤くんは，「故郷」の意味マップ作成後の時点で「希望」という語を用い，「希望は道のような物だから自ら切り開くものだと思った」と一般化した考えを述べた。同様に，「故郷」と「藤野先生」を関連づけた感想も，「希望」の語を用いて一般化した考え「希望は道のようなもの。これは自分でつくるから努力が必要」と述べた。これに加え，「頭が良くなるのは，努力が

第3章 「読み書きが苦手」な生徒の意味形成過程における支援の実際　　97

表3.6　dで初めて上位に入った語と，係り受け

d. で新しく入った語	代表的な係り受け	例
魯迅	魯迅＋思う	「藤野先生」も「故郷」も魯迅の体験がもとになっているいわゆるノンフィクションのようなものかと二つを読んで思った。
新しい	新しい＋生活	（前略）私とルントーの希望は新しい生活のことなんだと思った。 一人ひとりが新しい生活に希望を持って卒業できたら良いと思う。
医学	新しい＋医学	「藤野先生」での希望は中国に新しい医学が伝わること「故郷」での希望は新しい生活を持つことで二つの話の希望の内容は違うけれどどっちもそれぞれの希望があることがわかった。

必要だからガンバロー」と，自分の生活に関連づけて「希望」を捉えていた。この点を評価すれば，どちらも理解の深さは4であるが，後者の方がより深い読みだったと言える[15]。

3.3.2 【分析2】「読み書きが苦手」な佐藤くんは課題に取り組む時，教師や他の生徒とどう関わっていたか

　対象とした第9時について，佐藤くんが属する小グループ5人の発話頻度と相互作用パタンを，この小グループに向けられた教師の発話と合わせ，図3.13，表3.7に示す。

　図3.13から，佐藤くんの第9時の発話頻度は，個人で課題に取り組む時も小グループで課題に取り組む時も，他の生徒に比べてかなり多かったと分かる。表3.7から，個人で課題に取り組む時に他の生徒に働きかける行為は，佐藤くんに特徴的であり，他の生徒には認められなかったと分かる。佐藤くんが誰に働きかけたかという点からみると，個人で課題に取り組む時には羽田さん（学力調査で平均程度だった生徒）にしか働きかけなかったが，小グループで課題に取り組む時には幸田くん（学力調査で高得点をとった生徒）に働きかける回数が羽田さんに働きかける回数を上回った。

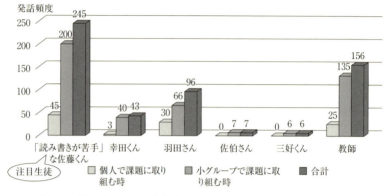

図3.13 第9時における佐藤くんが所属する小グループの発話頻度

表3.7 第9時の佐藤くんが属する小グループの相互作用パタン

	相互作用パタン	個人	集団	合計
佐藤くん→他の生徒	佐藤くん→羽田さん	5	6	11
	佐藤くん→幸田くん	0	9	9
	佐藤くん→三好くん	0	1	1
	佐藤くん→羽田さん→幸田くん	0	2	2
	佐藤くん→幸田くん→羽田さん	0	1	1
他の生徒→佐藤くん	幸田くん→佐藤くん→羽田さん	0	1	1
	幸田くん→佐藤くん	0	1	1
	羽田さん→佐藤くん	0	3	3
他の生徒→他の生徒	羽田さん→幸田くん	0	1	1
	佐伯さん→三好くん	0	1	1
教師→各生徒	教師→佐藤くん	1	3	4
	教師→幸田くん	2	0	2
	教師→三好くん	1	1	2
	教師→佐藤→羽田→三好→佐伯	0	1	1
	教師→羽田→佐藤→幸田	0	1	1
	教師→幸田→佐藤→羽田→佐伯	0	1	1
	合計	9	33	42

表3.8　佐藤くんの読者反応を支援する13種の事例（1〜2）

教師		他の生徒	
【事例1】（1時：初読の感想）課題への取り組み		**【事例1'】（11時：感想の交流）課題への取り組み**	
1-1	教師 （佐藤くんが書いていないのをみて）佐藤、あきらめないで。君ならできると私は信じているよ。ほらどこがわからないのかなそこをちょっと考えてみ	1'-1	羽田さん　書かないの？　三好まだだよ
1-2	佐藤くん 全部	1'-2	佐藤くん　面倒くさいけど
1-3	教師 全部じゃなくて。全部？		
1-4	佐藤くん うん		
1-5	教師 本当に？		
1-6	佐藤くん 本当。皆に聞いてよ。ヒロユキとかに聞いてよ。全部わからないって言う。あとXXX・とか。（他の生徒で全部分からないという生徒がいって）ほらね。ほら先生分からないって		
【事例2】（6時：マップ作成後の「放郷」感想）承認・肯定		**【事例2'】（4時：グループでマップ作成）承認・肯定**	
2-1	教師 （佐藤くんの感想文をとって）失礼します	2'-1	佐藤くん　寒い
2-2	教師 この辺良いね、この辺良いね	2'-2	幸田くん　楽い書いた
2-3	佐藤くん うん終わり？	2'-3	佐藤くん　厳しい寒さ？
2-4	佐藤くん やっだーもう終わりじゃんね？	2'-4	幸田くん　書いた
2-5	佐藤くん 書くことないもん	2'-5	佐藤くん　よっしゃ
2-6	教師 うん？	2'-6	佐藤くん　書いた？
2-7	佐藤くん 良いま	2'-7	羽田さん　書いてない
2-8	教師 別に全然別にこっちうまでいって裏でいって	2'-8	佐藤くん　ここ
2-9	佐藤くん いいま	2'-9	佐藤くん　はい終わり
2-10	教師 佐藤くんのやる気の表れですから	2'-10	幸田くん　終わり？
2-11	佐藤くん いいま裏まで		
2-12	教師 でも本当にこの辺良いよ		
2-13	佐藤くん （幸田くんに対して）バカンなよお前		
2-14	幸田くん （苦笑しながら手を横に振る）		

* 発話内容が聞き取れなかったことを示す。

表3.8（続） 佐藤くんの読者反応を支援する13種の事例（3〜6）

	教師	他の生徒

【事例3】（1時：初読の感想の書き方）

3-1	教師	どこらへんのこと？ 具体的に
3-2	佐藤くん	全部
3-3	教師	全部？
3-4	佐藤くん	うん
3-5	教師	じゃあ全部の中でもとくに？
3-6	佐藤くん	全部、全部
3-7	教師	たとえばほぼ一引用ってやったでしょ？
3-8	佐藤くん	やってない
3-9	教師	やりました。その中で一この辺からこの辺とか、この辺からこの辺とか具体的に
3-10	佐藤くん	全部わかんなかった
3-11	教師	XXX
3-12	佐藤くん	時間なくなっちゃうよ
3-13	教師	大丈夫

【事例4】（3時：個人マップ：マップの作り方）

4-1	教師	XXX
4-2	佐藤くん	良いんじゃないの？ 感想だもん。何言ってるの
4-3	教師	感想とかその自分はこういうふうに思ったことなんでいう言葉はあれだよ。うねうねっていう波線でいくんだよ
4-4	佐藤くん	えっ？
4-5	教師	さっき言ったように
4-6	佐藤くん	えっ言った？

【事例4】（4時：グループマップ：マップの作り方）

4-1	佐藤くん	次は何？ 引っ越し、引っ越ししたくないって良い？
4-2	幸田くん	引っ越しえー（教科書をみて）したくないって良いよ
4-3	佐藤くん	（引っ越しとしたくないを波線でつなげる）
4-4	幸田くん	思いじゃない、お前の考えじゃない。お前の考えじゃない
4-5	佐藤くん	（波線を直線に書き換える）さみしいとかがあれ？
4-6	幸田くん	そこまでではさみしいって思いまでは XXX（本文に書かれていることなので実線？）でえーんみたいな XXX（佐藤くんの考えなので波線？）

4-7　教師　　　そうだから文章の内容で文中の言葉はこうやって
　　　　　　　XXXで良いけどーここは自分の考えだっていうのは
　　　　　　　さーあのみんなときに分かった方が良いじゃん
4-8　佐藤くん　ああ
4-9　教師　　　うん

【事例6】（4時：グループマップ）感想の根拠
6-1　教師　　　さみしいも誰と誰がさみしいの？
　　　　　　　なんでさみしいの？
6-2　佐藤くん　わかんない
6-3　教師　　　そういうのもわかんない部分を（他の人に）聞いて
6-4　佐藤くん　幸田
6-5　幸田くん　お前が書いた

【事例5】（6時：感想の交流）アイディア
5-1　佐藤くん　（羽田さんのワークシートの記述を見て）新しい生活
5-2　羽田さん　（笑い）
5-3　佐藤くん　はい……
5-4　佐藤くん　俺も新しい生活にしよ
5-5　佐藤くん　終わり

【事例6】（2時：感想の交流）感想の根拠
6-1　羽田さん　何が面白いの？
6-2　佐藤くん　なに？
6-3　羽田さん　何が面白いの？
6-4　佐藤くん　馬鹿じゃねーの。名前がおもしろい
6-5　羽田さん　何がおもしろいかわからないよねえ
6-6　幸田くん　それだったらそういうふうに書かないと
6-7　羽田さん　そういうふうに書かないとわからない
6-8　佐藤くん　人の自由だよ。表現の自由

表3.8（続） 佐藤くんの読者反応を支援する13種の事例（7〜10）

教師

【事例7】（1時：初読の感想）：表記

7-1	佐藤くん	先生書けた
7-2	佐藤くん	先生
7-3	教師	うん？
7-4	佐藤くん	先生書けた
7-5	佐藤くん	うんワンおばさん？
7-6	教師	や
7-7	教師	これどうみたって⊃にしか見えないよ
7-8	佐藤くん	ヤん

【事例8】（3時：個人マップ）語の意味

8-1	佐藤くん	わびしい村は？ 先生、わびしいってどういう意味？
8-2	教師	さみしいような気持ち
8-3	佐藤くん	さみしそうだから行きたくないってこと？さみしそうだから行かない

【事例9】（8時：個人マップ）設定

9-1	佐藤くん	先生誰だっけ？ ルントーって言ー盗賊団だったの？
9-2	教師	うんん。どうして？
9-3	佐藤くん	盗賊団
9-4	教師	盗賊団？

他の生徒

【事例7】（6時：グループワーク）表記

7-1	幸田くん	XXXって字が間違ってる
7-2	佐藤くん	えっどれ？ じゃあ直しといて

【事例8】（9時：個人で関連づけマップ）語の意味

8-1	佐藤くん	コンパスになったってどういう意味？
8-2	羽田さん	コンパスみたい
8-3	佐藤くん	どういう意味？
8-4	羽田さん	足が痩せたってこと
8-5	羽田さん	痩せた
8-6	佐藤くん	はっどういう意味？
8-7	佐藤くん	お前言ってる意味が分かんない
8-8	羽田さん	ヤんお前さんなに
8-9	佐藤くん	だからー

（後略）

【事例9】（7時：初読の感想）設定

9-1	佐藤くん	これ中国の話でしょ？
9-2	羽田さん	うん

9-5 佐藤くん 書いてあるよほら盗賊団。誰が盗賊だったの？

9-6 教師 これはねーあのーこの匪賊っていう言うのだよね？

9-7 佐藤くん うん

9-8 教師 この匪賊って言うのはー盗賊団がその当時の中国にたくさんいたんだよって

9-9 佐藤くん あっそういうこと？

9-10 教師 うん。中国の状況って【図/作っ】たり一重い税金があったり兵隊がいたり匪賊、盗賊団がいろいろんなものが盗まれちゃった

9-11 佐藤くん じゃあこれさあ暴走族もあってたじゃん、変わんなくね？

9-12 羽田さん 暴走族は別に

9-13 教師 でもルントーが暴走族かって言われたらーやっぱり違うと思うよ。ルントーの周りにこういういう人がいたってことなの？

9-14 佐藤くん あっそうなの

9-15 教師 うん

【事例10】（3時：個人マップ）登場人物

10-1 佐藤くん ルントーはお母さんの子ども？

10-2 教師 もう1回よくみてごらん。お母さんの息子はルントー？

10-3 佐藤くん わたし。

10-4 教師（親指を一本立てる）

【事例10】（3時：個人マップ（シェイションとシュンを混同し）登場人物

10-1 佐藤くん 先生シェイション（シェイションとシュンを混同している）わたしなの？

（中略）

10-2 羽田さん シュンちゃんわたしでしょ？

10-3 佐藤くん えっちげーよ

10-4 羽田さん 違う？

10-5 佐藤くん ルントーの息子がシュンね

10-6 羽田さん 息子なの？

10-7 佐藤くん ほんま馬鹿なの？

表3.8 (続) 佐藤くんの読者反応を支援する13種の事例 (11〜13)

教師	他の生徒
【事例11】(3時：個人でマップ)出来事	**【事例11'】(4時：グループでマップ)出来事**
11-1 佐藤くん （本文に「猟師」という語はなく、教科書の挿絵を見ながら)猟師、これ猟師って読むの？ 何これ？ これって猟師なの？ 猟師って読むの？	11'-1 佐藤くん 幸田これ言って
11-2 教師 どこみてるの？	11'-2 幸田くん 没落したことがあったことか言えばいい。物語の 出来事の中に―
11-3 佐藤くん これはXXX	11'-3 佐藤くん うるせー
11-4 教師 何やってってると思う？	
11-5 佐藤くん 知らない。畑仕事	
11-6 教師 そうじゃん。そうでしょ	
11-7 佐藤くん そうじゃそうじゃ	
11-8 教師 猟師だと思ったの？ 猟師のか	
11-9 佐藤くん そう	
11-10 教師 だってよくみたらさ～XXX	
【事例12】(3時：個人でマップ作成)イメージ	**【事例12'】(3時：個人でマップ作成)イメージ**
12-1 佐藤くん 楽さ、冷たい風	12'-1 佐藤くん ねぇ鉛色ってどんな色？
12-2 教師 うーん良いんじゃないかな	12'-2 佐藤くん 鉛色ってどんな色？
12-3 佐藤くん 良いんじゃない	12'-3 佐藤くん 汚い？
12-4 佐藤くん 鉛色	12'-4 幸田くん グレーでちょっと濁った感じ
12-5 教師 なるほど	12'-5 佐藤くん 汚い
12-6 佐藤くん おー鉛色の空	12'-6 佐藤くん いたくない
12-7 教師 うーんじゃあその辺からどういう感じを受ける？	
12-8 教師 イメージを	
12-9 佐藤くん 侘しい村	
12-10 教師 あーそれもあるね	
(後略)	

【事例13】（3時：個人マップ）主題

13'-1	佐藤くん	（羽田さんのワークシート2への記述内容を見て）希望あるじゃない。意味わかんないんだけど。あるって書いてあんじゃん。わかんわかん。わかんないの？
13'-2	羽田さん	（笑い）あるとも言えないしないとも言えないって書いてあるから
13'-3	佐藤くん	希望、新しい生活
13'-4	羽田さん	あるとも言えないしないとも言えないってここに書いてあんじゃん
13'-5	佐藤くん	XXX
13'-6	羽田さん	ほら。あるとも言えないしないとも言えない（笑い）なに駄目なの？
13'-7	佐藤くん	いや別に駄目とは言ってないよ。馬鹿じゃないの？
13'-8	羽田さん	もうやだー

【事例13】（9時：個人マップ）主題

13-1	佐藤くん	XXX
13-2	教師	でも良いんじゃない？ 変化で続けて
13-3	佐藤くん	（羽田さんに対して）XXX
13-4	教師	じゃあ故郷に書いてある変化にはどういうの？
13-5	佐藤くん	どういう変化だっけ？ ヤンおばさん
13-6	教師	誰がどういう変化。どこのどういう点。変化って人物の変化もあるだろうし、それ以外の変化もあるよね。それに対して藤野先生の変化はどういう変化
13-7	羽田さん	（佐藤くんに対して）XXX
13-8	佐藤くん	XXXの後？
13-9	羽田さん	XXXする？

以上より，「読み書きが苦手」な佐藤くんは課題に取り組む時，他の生徒に比べて積極的に他者と関わろうとする傾向があったと言える。

3.3.3 【分析3】「読み書きが苦手」な佐藤くんは読みを深める時，教師と他の生徒からどんな支援を受けたか

3.2.3の表3.3の手順を踏んだ結果，「読み書きが苦手」な佐藤くんに対する支援内容，合計13種の事例を特定した（表3.8）。すなわち，(1)課題への取り組み，(2)承認・肯定，(3)感想の書き方，(4)マップの作り方，(5)アイディア，(6)感想の根拠，(7)表記，(8)語の意味，(9)設定，(10)登場人物，(11)出来事，(12)イメージ，(13)主題，以上13種である。

(1)課題への取り組みは，佐藤くんが課題に取り組むよう励ました事例である。(2)承認・肯定は，佐藤くんが記述した内容を認め，肯定的に評価した事例である。(3)感想の書き方は，感想を書くためのレトリックなどを佐藤くんに教示した事例である。(4)マップの作り方は，どうマップを作ればよいかを佐藤くんに教示した事例である。(5)アイディアは，何を書けばよいか，他の生徒の記述を佐藤くんが参考にした事例である。(6)感想の根拠は，佐藤くんの記述内容について，なぜそう書いたのかを質問した事例である。(7)表記は，佐藤くんが書いた文字の読みづらさや漢字の間違いを教示した事例である。(8)語の意味は，その語が持つ辞書的な意味を佐藤くんに教示した事例である。(9)設定は，物語の時代や背景，場所などを佐藤くんに教示した事例である。(10)登場人物は，物語に登場する人物の性格や人物間の関係などを佐藤くんに教示した事例である。(11)出来事は，物語中で起こった出来事を佐藤くんに教示した事例である。(12)イメージは，佐藤くんが物語中の語からイメージを喚起できるよう促した事例である。(13)主題は，佐藤くんが物語の主題について考えられるよう促した事例である。

これら13種の事例は，(a)課題への取り組みや承認・肯定といった情緒面の支援，(b)感想の書き方やマップの作り方といった形式面の支援，(c)語の意味

第3章 「読み書きが苦手」な生徒の意味形成過程における支援の実際　　107

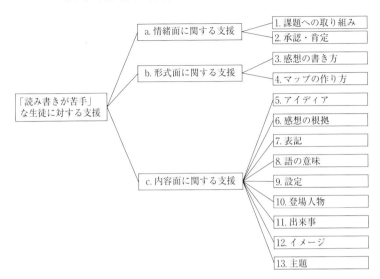

図3.14　佐藤くんに対する読者反応の支援の事例の分類

表3.9　教師と小グループ内の生徒による佐藤くんに対する支援の違い

支援内容	教師	生徒	[佐藤くん]**	合計
a. 情緒面	63%（12）	37%（7）	―［6］	100%（19）
b. 形式面	79%▲*（19）	21%▽（5）	―［6］	100%（24）
c. 内容面	34%▽（19）	66%▲（37）	―［10］	100%（56）
合計	51%（50）	49%（49）	―［22］	100%（99）

＊記号は残差分析の結果を示す（▲有意に多い，▽有意に少ない，$p<.05$）。
＊＊合計および検定に佐藤くんによる支援は含まない。

や表記，物語内容の理解といった内容面の支援に大別できる。このような観点から各事例を分類し，図3.14，表3.9に整理した。クロス集計および残差分析の結果，教師は形式面での支援が有意に多く，小グループ内の他の生徒は内容面での支援が有意に多かった（表3.9，$\chi^2 = 15.26, p<.05$）。

以上より，⑴佐藤くんが読みを深める上で情緒面の支援は教師と他の生徒で大差がなかった，⑵佐藤くんが読みを深めることに直接関係する内容面の支援は，教師よりもむしろ他の生徒が多かった，と言える。

3.4　考察

本章では，生徒一人ひとりの読者反応を大切にすると同時に，小グループの話し合いを重視する教師による実践を「読み書きが苦手」な生徒に着目して観察し，教師や他の生徒が彼の意味形成過程においてどんな支援をしたかを明らかにした。

情緒面に関する支援は，量的には他のタイプの支援より少なかったにも関わらず（表3.9），「読み書きが苦手」な佐藤くんが読みを深める上で重要だったと考えられる。「故郷」の初読後の感想を書く時間，佐藤くんは「文が長い。意味がわかんなかった。」とだけ書いて，早々に書くことを放棄していた（図3.1）。教師は，書くことを放棄した佐藤くんに対し，繰り返し励ましの言葉をかけた（3.3.3，表3.8【事例1】1-1）。佐藤くんは，教師の働きかけに対し，自分だけじゃないと抗議しながらも（同，【事例1】1-6），その後，「ルントーがおもしろい」という作品から受けた印象や「ひっこした」という物語の出来事に関する感想を書いた。

こうした情緒面に関する支援は，教師によるものだけではなかった。佐藤くんが同じ小グループに属する幸田くんに一目置いていたことは，観察中，様々な点から窺えた[16]。この幸田くんから自分が記述した内容を認めてもらうことは，佐藤くんが読みを深める上で重要だったと考えられる。例えば，「故郷」の意味マップを作成した後，小グループ内でお互いの記述内容を確認する時，佐藤くんは幸田くんが自分と同じ言葉を記入していたことを知り，「よっしゃ」と発話した（3.3.3，表3.8【事例2】2'-5）。こうした出来事の積み重ねが，ワークシートに「最高，俺。♡」（3.2.1，図3.8）と自分で書く

第3章 「読み書きが苦手」な生徒の意味形成過程における支援の実際　　109

ほど達成感を持った原因だと考えられる。

　国内外で「読み書きが苦手」あるいは ADHD と診断された生徒に対する情緒面の支援の重要性が指摘されながらも[17]，主に発達という観点から当該学年の理想的な読者反応を調べてきた日本の調査研究では (0.3)，「他者からの励ましや承認によって豊かに反応できる」という本章で示した事実がほとんど見過ごされてきたように思われる。教室の読書は，教師やクラスメイトなど他者と一緒に読む点に特徴がある (0.2，図0.6)。学力調査などで成績が振るわない生徒であっても，一人ではなく他者と一緒に読む時，情緒面の支援により普段以上のパフォーマンス（読者反応）ができることがもっと注目されなければならない。

　形式面に関する支援は，教師によるものが多かった（表3.9）。このカテゴリーに分類される支援は，例えば，【事例3】のように，過去に学習した感想文を書くスキル[18]を思い出させ，そのスキルを使うべき場面を教示したものがあった。このような支援を行うためには，これまでどのようなスキルを学習したか，それをいつ使うべきかという知識が必要なため，佐藤くんに課題への取り組みを促したり【3.3.3，表3-8事例1'】，語の意味を教示したり【同，事例8'】することに比べて難易度が高い。そのため，他の生徒による支援よりも教師による支援のほうが量的に多くなったと考えられる。

　内容面に関する支援は，佐藤くんが属する小グループ内の生徒によるものが多かった（表3.9）。小学5年生を対象に文学的文章の話し合いを1年間にわたり観察した，Evans（2002）は，効果的な学習が行われる要件として，お互いがグループ内のメンバーに敬意を払うことと，威張った態度のメンバーがいないことを挙げた。学力調査の結果だけを見れば，幸田くんと羽田さんと佐藤くんの間には大きな学力差があった。しかし，観察中，幸田くんや羽田さんが佐藤くんに対し，威張った態度をとることはなく，むしろ佐藤くんが読みを深めるための様々な支援を行っていた（3.3.3，表3.8）。反対に，佐藤くんがグループ内のメンバーから質問され答える場面も見られた[19]。小

グループ内の生徒が読みを深めることに直接関わる内容面に関する支援を佐藤くんに対して様々にした理由は，佐藤くんが他の生徒と積極的に関わろうとする傾向を持っていたことに加え (3.3.2)，小グループ内でお互いに教え合う関係にあったことが大きいと考えられる。これは佐藤くんを含めた小グループ内の生徒の個性として見ることもできるが，その一方で，小グループによる話し合いを重視して実践を行ってきた教師の影響もあったと思われる。つまり，日々の授業を通して，生徒は，小グループの話し合いによって出た意見は自分のものにして良いという「『場に出された知識は公共のものである』という知識観」(松尾・丸野，2007，p.100) を共有していたと考えられる。

　以上，本章では，「読み書きが苦手」な生徒が他者と共同で読むことで自分なりに意味を作りだせること，その過程を教師や他の生徒がどう支援したかを明らかにした。

【第3章　注】

1)　観察した教室は，平成25年に実施された全国学力学習状況調査の結果が，全国平均を下回る。

2)　平成26年11月10日付けで研究倫理委員会より承認を受けた（課題番号　筑26-117）。
　　課題名：文学の授業における読者反応の支援方法に関する研究

3)　制限コードは，精密コードと対概念であり，次のように定義されている。
　　　家族や友人同士といったくだけた場で使用される傾向があり，話し手がある集団（共同体）に所属していることを強調する効果がある。また，コミュニケーション状況に依存し，たがいにはっきり言わなくても相互に了解できるような条件をつくっている (Bernstein, 1974/1981；尾関，1983, pp.208-209)。

4)　全国学力学習状況調査の結果から，低群（5名），中群（12名），高群（10名）に分けて，低群・中群の生徒と高群の生徒ができるだけ同じグループになるよう割り振った。

5)　文学的文章の読みを深める時，意味マップ法が心情曲線法など他の方法に比べ

て優れた点として，とくに「学習者の既有の知識や経験を重視することを可能にする」（塚田，2005b，p.8）点が挙げられる。これは読者反応理論の考え方と一致する。なお，塚田（2005b）は意味マップ法の優れた点として，他に「応用範囲の広さや学習指導に働く機能の多様さ」（同，p.8）を挙げている。類似する方法と名称は他領域・他教科に様々あるが，本章では国語科教育学者の塚田（2005b）が示す「意味マップ法」の名称と定義に従った。

6) 意味マップ法やある話題に即して複数の文章を読む手法は，読者反応を大切にする文学の授業実践の典型である。国際リテラシー学会（ILA）の刊行物 Roser & Martinez（Eds.）(1995) には，生徒の読者反応を豊かにする方法として，第6章にある話題（きつね物語）に即して複数の文章を読む手法，第9章に意味マップ法がそれぞれ紹介されている。一つの文章を超えて読むことの重要性は0.3.4で指摘した。

7) 国語科教育学を専攻する修士課程の2年生。

8) −1から1の間をとり，1に近いほど一致率が高いことを示す。計算方法は，山田・井上（2012, pp.89-92）を参照。

9) 記述量の分析には RMeCab（石田，2008）を用いた。出現件数の多い語の分析には Tiny Text Miner（松村・三浦，2009）を用いた。

10) Many（1994, p.657）を翻訳して引用した。Many（1994, p.656）は，この基準を設定する上で Applebee（1978, p.124；0.3.2, 表0.4）が実証的に明らかにした各年齢における主観的客観的反応の特徴，および Ricoeur（1976/1993）の解釈理論を参考にした，と述べる。この論文のもとになった学位論文（ルイジアナ州立大学）には，より詳しい定義と感想の例がある（Many, 1989, pp.162-169）。

11) ただし，課題の取り組みと関係のない発話は分析対象外とした。

12) 小学校6年間毎学期に同一課題を与え続けて小学生児童の作文能力の発達を調べた国立国語研究所（1964）は，児童が書いた作文を分析する観点の一つに文字量を設定し，以下のように述べた。

　文字量の多少は，そのまま作文能力の価値的な意味を示さないともいえるが，文字を書く力，ことばをつづる力，文を組み立てる力，文章としてまとめる力というような作文の基礎的な能力の潜在性をはかる一つの手がかりとはなる（国立国語研究所，1964, p.379）。

13) 「藤野先生」を教材とした初読後の感想【ワークシート4】と意味マップ作成後の感想は課題が異なった（【ワークシート6】のみ，「故郷」と「藤野先生」を

関連づけて感想を書く）。剰余変数として「感想を書くための資料（文学的文章）の量」が考えられるため，同じ課題を与えた「故郷」の初読後の感想と意味マップ作成後の感想を対象に検定を行った。

14) 出現件数は出現頻度と異なり，同じ生徒が繰り返し同じ語を使っても1とカウントする。テキストマイニングを行うとき，「キーワードファイル」を用い「ルントー」，「ホンル」，「シュイション」，「ヤンおばさん」，「シュン」，「トアンクン」，「マンユエ」，「サスマタ」，「閏月」，「男性愛者」，「チャンネン」，「山東菜」，「藤野先生」，「ロカイ」，「リュウゼツラン」，「常磐線」を分析単位として設定した。また，「同義語ファイル」を用いて「おもしろい」と「面白い」，「藤野先生」と「先生」を同義語として解析した。

15) Many（1994）の枠組みでは，文学的文章から読み取った内容と，読者自身の生活とを関連づける視点が含まれない。しかし，Many（1994）が依拠したRosenblatt（1978）の理論を教育に応用する場合，読者と文章の交流の成果を自分自身の生活に応用することを考えることが最終的な目標になる（Sebesta,1995,p.209）。また，生徒の読者反応に基づいて文学の授業のあり方を検討したLanger（1995）は，文学的文章を読む時，四つのスタンスがあると述べた。その一つに，文学的文章から理解した内容を自分の生活に応用することを目指すスタンスが含まれる。彼女は，このスタンスが他の三つのスタンスと性質が異なると断った上で，このスタンスで文学的文章を読むことが本質的な目的や理由だと指摘した（Langer, 1995, p.18）。ただし，彼女が指摘しているように，このスタンスは，読者がそれなりの人生経験を積んでいることが前提になる。佐藤くんの感想で文章から読み取ったことを自分の生活に応用する視点がみられた文「頭がよくなるのは努力が必要だからガンバロー」はやや表面的だった。しかし，佐藤くんの学力やこれまでの感想の記述内容に鑑み，最後にこのスタンスで感想を書こうとした事実が重要だと考えた。加えて，感想の交流場面で他の生徒にコメントを書いてもらう箇所に，自分で「最高，俺♡」と記述したことも，佐藤くんなりに読みを深めた手ごたえがあったことを示す（図3.8）。

16) 例えば，小グループ内の意見をまとめて発表するように教師から指示があった時，佐藤くんは必ず幸田くんに対して「お前まとめて」と発話した。

17) Möller & Allen（2000），原田（2013）を参照。

18) 本事例では，本文を引用するというスキルだった。

19) 例えば，第8時の「故郷」と「藤野先生」を関連づけた意味マップを作成する

第3章 「読み書きが苦手」な生徒の意味形成過程における支援の実際　　113

ため個人で中心語を何にするか考える時，以下のやり取りがあった。

ターン	発話者	発話内容
Turn 1	羽田さん	これ「故郷」書く前のやつ？
Turn 2	羽田さん	藤野先生って
Turn 3	佐藤くん	じゃ
Turn 4	羽田さん	だよね
Turn 5	佐藤くん	学生の時だっけ
Turn 6	羽田さん	（うなずく）

第 4 章

読みの目標の違いが生徒の文章産出に与える影響

　本章では，複数の「浦島太郎」を読んだ後，その感想を書く授業と新しい「浦島太郎」の物語を創作する授業を比較・分析します。読むことの学習指導に物語創作活動を取り入れることの意義を明らかにすることが本章の目的です。

4.1 本章の目的

　本章の目的は，生徒の書き言葉による反応（文章産出）を豊かにするために，「新しいお話を作る」という学習目標を提示し，物語創作活動を取り入れることが効果的だという仮説を検証することである。なお，ここで言う「豊かさ」とは，他の人と同じような文章にならない，他の人と異なる内容の文章を書く，という意味である。

　第2章では，中学校の国語科の授業を観察して明らかにした「生徒の読者反応を支援する教師の役割」を，Sipe（2008）が明らかにした「生徒の読者反応を支援する教師の役割」と比較・検討し，教室の読書においてどんな学習目標を与えれば生徒の読者反応が豊かになるか，という問題を提起した（2.4）。

　学校で文学的文章を読む行為は，小学1年生から繰り返され，とくに夏休みの読書感想文に典型としてみられるように，同じタイプの文章を書く課題が何度も求められる。そのため，学年が上がるほど画一的な読者反応を示すことが助長される問題があることが調査研究より示唆されている（住田・山元ほか，2001：塚田，2003）。このような問題に対して，読者による物語の再創造という読書の側面に着目し（Sipe, 2008），学習目標として「新しいお話を作る」ことを設定し創作文を書かせることが効果的だと考えられる（0.3.4）。

　米国の読者反応に基づく読むことの学習指導の実践では，これまで同一テーマや素材で書かれた文学的文章を複数読み，その後，新しい文学的文章を書くという実践は主に小学校段階を対象に報告されてきた（Dressel, 1990; Sipe, 1993; Moss, 1995）。一方，日本では，寺田（2002, 2012）が「間テクスト性」概念に着目し，中学校段階を対象に同一テーマや素材で書かれた文学的文章を複数読む実践を報告しているが，読んだ文章に基づき「新しい文学的文章を書く」という作者になる点が含まれてなかった（0.3.4）。しかし，上述

した問題に対して，物語創作課題が効果的であるとすれば，学年が上がるほど物語創作課題の意義は大きいと考えられる。

そこで，本章では，中学校3年生を対象に，物語創作課題が生徒の読者反応を豊かにする効果があるかどうかを検証する。

4.2 研究の方法

4.2.1 調査の方法

研究授業の構成を表4.1，2タイプの研究授業の違いを図4.1に示す。なお，授業構想については，先行する塚田（編）（2014）の共同研究に負うところが大きい[1]。塚田（編）（2014）と同じ「古典の浦島太郎に親しみ，新しい浦島太郎のお話をつく」ることを目的にした授業（【A. 創作群】），新たに構想した「古典の浦島太郎に親しみ，浦島太郎の〈読み〉を広げたり深めたり」することを目的にした授業（【B. 自由記述群】），以上2タイプの授業を塚田（編）（2014）と異なる2校で実施した。調査の実施に当たっては，筆者が所属する機関の研究倫理委員会の審査を経た研究計画書をもとに，各調査校の校長に研究説明を行い，承諾を得た[2]。

調査全体の概要は次の通りである。

調査期間 2014年5月20日～7月18日

調査対象 T国立大学附属中学校3年，2クラス（【A. 創作群】，【B. 自由記述群】，各1クラス）

A公立中学校3年3クラス（【A. 創作群】2クラス，【B. 自由記述群】1クラス）

T国立大学附属中学校は，全体的に学力が高いとされる生徒が多く在籍する。A公立中学校は，平成25年度に実施された全国学力学習状況調査の結果が全国平均を下回っていた[3]。A公立中学校から全クラス（3クラス）で

表4.1 研究授業の構成

番号	形態	授業の展開	生徒の反応	時間
第1時				
1	全体	授業目標の確認 【A. 創作群】古典の浦島太郎に親しみ，新しい浦島太郎のお話をつくろう 【B. 自由記述群】古典の浦島太郎に親しみ，浦島太郎の〈読み〉を広げたり深めたりしよう		5分
2	個人	【A. 創作群】「浦島太郎」を思い出してあらすじを書く 【B. 自由記述群】「浦島太郎」を思い出して感想を書く	ワークシート1	10分
3	全体	唱歌版「浦島太郎」のあらすじを確認する		6分
4	個人	御伽草子版「浦島太郎」の範読を聞き，唱歌との違いを探す		7分
5	個人	浦嶋子縁起版「浦島太郎」の範読を聞き，唱歌との違いを探す		7分
6	小集団	各版のあらすじと，他の版との違いをまとめる	話し言葉 ワークシート2	15分
第2時				
7	全体	各版のあらすじを確認する		8分
8	全体	他の版との違いを発表する	話し言葉	10分
9	全体	各版の成立背景などを説明する		5分
10	全体	【A. 創作群】新しい浦島太郎を作る時の注意点を説明する 【B. 自由記述群】自分の〈読み〉を広げたり深めたりする時の注意点を説明する		2分
11	個人	【A. 創作群】新しい「浦島太郎」のお話を書く 【B. 自由記述群】自分が書いてみたいことを自由に書く	ワークシート3	15分
12	小集団	お互いに書いた文章を読み合う	話し言葉	5分
13	全体	授業のまとめ		5分

図4.1 研究授業における【A. 創作群】と【B. 自由記述群】の違い

研究授業を行ってほしいと要請があったため，【A．創作群】の授業を２クラスで行った。分析は，授業タイプと学校の二つを変数として⑴附属中創作群，⑵附属中自由記述群，⑶公立中創作群，⑷公立中自由記述群，以上４群に分けて行った。

授業者　授業を進行するメイン・ティーチャーと，教材文を音読したり板書したりするティーチング・アシスタントの２名で研究授業を行った。T国立大学附属中学校では，塚田（編）（2014）の研究授業においてメイン・ティーチャーとティーチング・アシスタントを務めた大学院生[4]，計２名が授業を行った。A公立中学校では，調査校の国語科教諭が中心になって授業を行うという要請があったため，調査校の国語科教諭がメイン・ティーチャーを務め，大学院生１名がティーチング・アシスタント[5]を務めた。

授業時数　各２時間（２時間×５クラス，全10時間）[6]

教材　「浦島太郎」（『ザ・ベスト　日本の唱歌』2012年，日本コロムビア株式会社）

「浦島太郎」（『御伽草子集　日本古典文学全集』小学館，1974年，第36集，pp.414-424）

「浦嶋子縁起」（『浦島子傳　續日本古典全集』，現代思想社，1981年，pp.408-411）

以上を参考に中学生という学校段階を考慮して，a．唱歌版，b．御伽草子版，c．浦嶋子縁起版の３種の教材文を作成した。a．唱歌版は，生徒が既に知っているであろう浦島太郎の内容，b．御伽草子版とc．浦嶋子縁起版は，亀との出会いが釣りである，浦島が鶴になって女性と再会するなど，特徴的な内容である。授業で用いた各教材のプリントを図4.2～図4.4に示す。

授業内容　物語を創作させるタイプ【A．創作群】，自由に文章を書かせるタイプ【B．自由記述群】を設定した。授業内容の詳細は表4.1による。番号２と番号11の文章を書く活動以外は，両タイプともほぼ同じ内容である。授業で用いたワークシート１～３を図4.5～図4.9に示す。

記録方法　後方から教室全体を見渡せるようにビデオカメラで撮影し，前方

120

○歌の「浦島太郎」を聞いてみよう

浦島太郎

一、昔々浦島は、助けた亀に連れられて、龍宮城へ来て見れば、絵にもかけない美しさ。

二、乙姫様の御馳走に、鯛や比目魚の舞踊、ただ珍しくおもしろく、月日のたつのも夢のうち。

三、遊びにあきて気がついて、お暇といふも土産にも、もらった五つの玉手箱。

四、帰って見れば、こは如何に、元居た家も村も無く、路に行きあう人々は、顔も知らない者ばかり。

五、心細さに蓋とれば、あけて悔しき玉手箱、中からぱっと白煙、たちまち太郎はお爺さん。

※眠い…
別れの言葉を言うこと

※いかに…
ここはどこだろう

図4.2 a. 唱歌版「浦島太郎」

『御伽草子』

古典の「浦島太郎」①

昔々、丹後国に浦島太郎という若い男がいました。ある日浦島が、えしまという所で釣りをしていると、一匹の亀を釣り上げました。浦島は亀に、「鶴は千年、亀は万年といって長生きする生き物だ。ここで命を救ってはかわいそうだから助けてやろう。この恩をいつまでも忘れるなよ。」
と言って亀を助けてあげました。

翌日、浦島が漁へ出かけると、沖に浮かぶ一艘の小舟に女性が乗っていました。どうやら嵐にあい漂流してきた様子でした。浦島は、女性を家まで送っていってあげることにしました。女性の乗っていた小舟に一緒に乗って沖へ漕ぎ出し、十日ほどの船旅を経て、女性の故郷に着きました。女性の故郷は金や銀でできており、周りの建物はたいへん立派でした。それは美しい所でありました。

「こうしてあなたが私を故郷へ送り届けてくれたのも何かの縁でしょう。ここで私と一緒に暮らしましょう。」
と浦島に言いました。浦島は女性と結婚することに決め、女性の住む竜宮城という所で仲良く過ごしました。

「三年もの間、共に暮らしていましたのに、いま別れてしまう浦島は一度自分の故郷に帰ることを女性に告げました。女性は、

※丹後国
今の京都府北部

※えしま
岩余のあたりか釣り野か。

※漂流
海上を漂いながら流される。

※縁
ゆかり、つながり。

図4.3 b. 御伽草子版「浦島太郎」

第 4 章　読みの目標の違いが生徒の文章産出に与える影響　　121

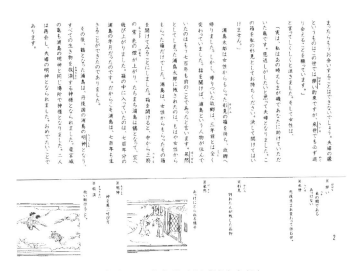

図4.3（続）　b．御伽草子版「浦島太郎」

図4.4　c．浦嶋子縁起版「浦島太郎」

〔授業の目標〕
古典の浦島太郎に親しみ、新しい浦島太郎のお話をつくろう

あなたが知っている「浦島太郎」を思い出して、そのあらすじを書いてみよう

浦島太郎は、海辺でいじめられている亀を助ける。何とその亀は竜宮城の使いで、助けてくれた感謝に、竜宮城へ行くことになる。乙姫達と楽しく遊び時間はあっという間に過ぎる。飽きた浦島太郎は陸へ帰ると言出し、乙姫はその土産として玉手箱を渡す。開けることを禁じられた箱を手に陸へ帰ると村はもう失くなっていた。浦島太郎は言いつけを破り玉手箱を開けてしまう。するとおじいさんになってしまった。

〔昔読んだ本に書いてありました〕

図4.5　A. 創作群ワークシート1

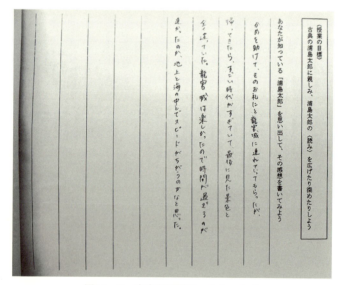

〔授業の目標〕
古典の浦島太郎に親しみ、浦島太郎の《読み》を広げたり深めたりしよう

あなたが知っている「浦島太郎」を思い出して、その感想を書いてみよう

かめを助けて、そのお礼にと龍宮城に連れていってもらったが、帰ってきたら、すごい時代がすぎていて最後に見た景色と全く違っていた。龍宮城では楽しかったので時間が過ぎるのが進かったのか、地上と海の中でスピードがちがうのかなと思った。

図4.6　B. 自由記述群ワークシート1

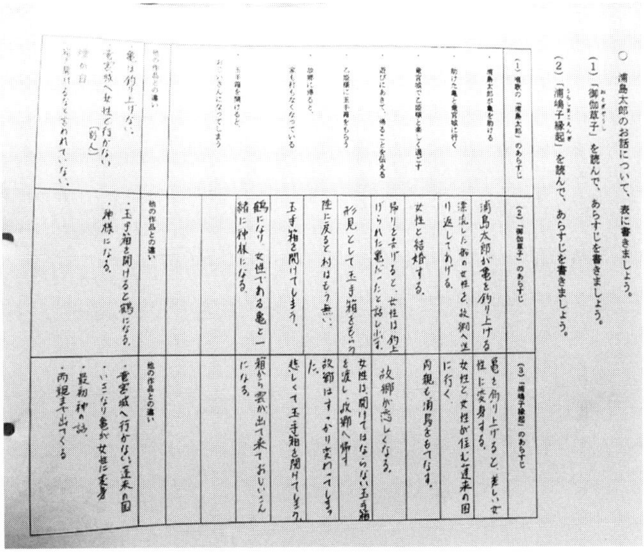

第4章 読みの目標の違いが生徒の文章産出に与える影響　　123

図4.7　A. 創作群とB. 自由記述群で共通するワークシート2

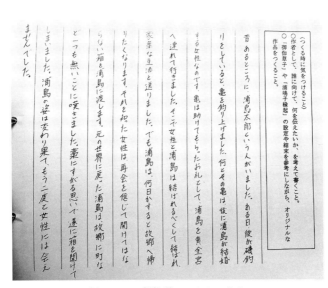

図4.8　A. 創作群ワークシート3

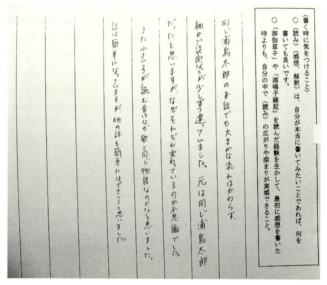

図4.9 B. 自由記述群ワークシート3

からICレコーダーで録音した。また,教室の四隅のグループについては,それぞれ観察者[7]が立会いのもと,活動の様子をミーティングレコーダー[8]にて記録した。

4.2.2 分析の方法

創造性を,物語内にクラス内の友人を登場させる反応(Sipe, 2008, p.175)など,文章に書かれていない「読者自身が創造した事柄」(住田・山元ほか,2001, p.1)と定義する。具体的には,(1)記述量,(2)他の生徒との文章内容の類似度,(3)教材文にない語として用いた語,という観点から分析する

(1)記述量を観点としたのは,記述量が増えれば,教材文に書かれてない内容を自分で新たに加える部分がそれだけ増える可能性が高く,一つの目安になると考えたためである。(2)他の生徒との文章内容の類似度を観点としたのは,他の生徒と同じような内容の文章を書いた場合,創造性が高いとは言え

ず，反対に，他の生徒と異なる内容の文章を書いた場合，読者が自分で創造したと言えるためである。(3)教材文にない語として用いた語を観点とすれば，生徒の反応における創造性の具体的な内容を確認できる。

　具体的な方法は次の通りである。(1)記述量は，形態素解析による分かち書きを行い，語を計数した。各群の平均，中央値，標準偏差を出し，各群の差の検定を行う。(2)他の生徒との文章内容の類似度は，「潜在的意味インデキシング」(LSI:latent semantic indexing) という技法を用いた。「潜在的意味インデキシング」とは，「ターム・文書行列を圧縮することで，分類を効果的に行う技術」(石田，2008，p.136) を指す。この技法により，個々の生徒が書いた文章について，内容の類似度を調べることができる。生徒が書いた創作文と自由記述文，合計157の文章をまとめたファイルを対象に，潜在的意味インデキシングによる解析を行い，3次元のグラフィックスにして表した(図4.11)。このグラフィックスについて，分布の仕方や各文章の位置関係を確認し，各群における他の生徒との文章内容の類似度を明らかにした。(3)教材文にない語として用いた語は，χ^2検定を援用したテキストマイニングにより，教材文にない語を特定し，その実際の使用文脈と合わせて検討する。一連の分析においてRのパッケージソフトRMeCabを用いた (石田，2008)。

　分析のため設定したリサーチ・クエスチョンは以下の三つである。

　　RQ1：読みの目標の違いは，文章の記述量にどう影響したか
　　RQ2：読みの目標の違いによって，生徒間の文章内容の類似度に差が
　　　　　生じたか
　　RQ3：教材文にない語として，生徒はどんな語を用いたか

4.3 分析

4.3.1 【分析1】読みの目標の違いは，文章の記述量にどう影響したか

4群の語数の統計量を表4.2，各群の語数の平均を交互作用プロットで図4.10に示す。2要因の分散分析（4群×ワークシート：ワークシートのみ対応有）

表4.2 各群におけるワークシートへの記述量

		ワークシート1			ワークシート3		
	N	平均	中央値	標準偏差	平均	中央値	標準偏差
公立自由記述群	28	48.29	45.00	21.46	65.54	64.50	28.21
附属自由記述群	38	80.24	66.50	49.78	116.30	110.50	47.28
公立創作群	54	87.13	79.00	43.67	174.90	172.00	84.44
附属創作群	37	124.50	119.00	53.20	210.00	218.30	67.21
全体	157	87.34	76.00	50.82	151.40	135.00	83.72

＊記述量の数字は語数，公立中創作のみ調査校の希望により2クラスで実施。

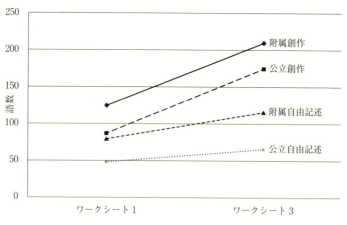

図4.10 ワークシートへの記述量の交互作用プロット

表4.3　ワークシートへの記述量の違いの有意性

			p 値
ワークシート 1	附属創作 – 公立創作	**	0.000
	附属創作 – 附属自由記述	**	0.001
	附属創作 – 公立自由記述	**	0.000
	公立創作 – 附属自由記述	n.s.	0.995
	公立創作 – 公立自由記述	**	0.004
	附属自由記述 – 公立自由記述	**	0.004
ワークシート 3	附属創作 – 公立創作	**	0.000
	附属創作 – 附属自由記述	**	0.000
	附属創作 – 公立自由記述	**	0.000
	公立創作 – 公立自由記述	**	0.000
	公立創作 – 附属自由記述	*	0.420
	附属自由記述 – 公立自由記述	**	0.001

$^{**}p<.01$, $^{*}p<.05$, n.s. 有意差なし

を行った結果，4群の主効果（$F_{(3,153)} = 33.66$, $p<.05$），ワークシートの主効果（$F_{(1,153)} = 162.59$, $p<.05$）と交互作用が有意であった（$F_{(3,153)} = 9.54$, $p<.05$）。各要因の単純主効果の検定を行った結果，4群の単純主効果（附属創作 $F_{(1,54)} = 5.62$, $p<.05$；公立創作 $F_{(1,106)} = 39.08$, $p<.05$；附属自由記述 $F_{(1,74)} = 10.46$, $p<.05$；公立自由記述 $F_{(1,72)} = 35.55$, $p<.05$），ワークシートの単純主効果（ワークシート1 $F_{(3,153)} = 17.26$, $p<.05$；ワークシート3 $F_{(3,153)} = 33.1$, $p<.05$），共に有意だった。ワークシートの単純効果について，テューキーの HSD 法による多重比較の結果を表4.3に示す。

　以上より，どの群でもワークシート1よりもワークシート3の方が記述量は多かったと言える。また，附属中学校，公立中学校どちらも物語を創作させるタイプの方が，自由に文章を書かせるタイプよりも記述量は多かったと言える。加えて，物語を創作させるタイプでも自由に文章を書かせるタイプでも，附属中学校の方が公立中学校よりも記述量は多かったと言える。

4.3.2 【分析2】読みの目標の違いによって,生徒間の文章内容の類似度に差が生じたか

　潜在的意味インデキシングによる解析を行い,3次元のグラフィックスにした結果について,様々な角度から文章の位置関係を確認し,2次元の図に切り取ったものを図4.11に示す。附属創作群を fs,公立創作群を ps,附属自由記述群を fe,公立自由記述群を pe の略語で表した。略語の横の数字は通し番号である。近くに位置する文章ほど内容が類似し,遠くに離れた文章ほど内容が異なる。ほぼ同じ群でまとまって分布したため,各群のまとまりを線で囲って示した。下方の小さい円の附属自由記述群,下方の大きい円の公立自由記述群,上方の小さい円の附属創作群,上方の大きい円の公立創作群

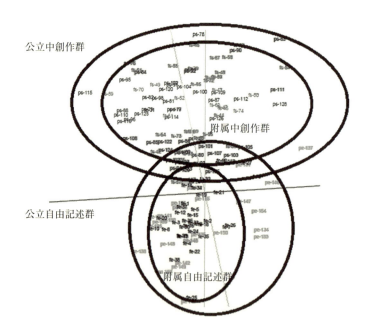

図4.11　読みの目標の違いによる生徒間の文章内容の類似度

にまとめられる。図4.11から次の2点を読み取れる。第1に，読みの目標にかかわらず，附属よりも公立中学校の方が円の囲みが大きく，生徒間で内容の異なる文章を書く傾向にあったと言える。第2に，附属中か公立中かの違いにかかわらず，新しい浦島太郎のお話を作る創作群のクラスの方が，円の囲みが大きく，生徒間で内容の異なる文章を書く傾向にあったと言える。

4.3.3 【分析3】教材文にない語として，生徒はどんな語を用いたか

　各群の教材に用いられていない語のうち，使用頻度が多い方から上位10位までを表4.4に示す。「当該のテクストに『書いてある』事柄に関わる反応」ではない，「テクストから離れて，読者の創造した事柄に関する反応」（住田・山元ほか，2001，p.61）と言える語に下線を付した。すなわち，「ウツボ」，「イルカ」，「クルクル」，「ヒロノブ」，「カバ」，「カラス」，以上6語である。これらは，いずれも「浦島太郎」にない登場人物を，新たに登場させ

表4.4　教材文にない語として，生徒が用いた語

	附属自由記述群			公立自由記述群			附属創作群			公立創作群		
順位	語	語数	χ^2値	語	語数	χ^2値	語	語数	χ^2値	語	語数	χ^2値
1	御伽草子	29	7.73	御伽草子	28	19.27	いじめる	20	2.31	お礼	20	1.89
2	違う	25	6.49	浦嶋子縁起	19	12.51	少年	18	1.99	いじめる	18	1.61
3	浦嶋子縁起	23	5.87	良い	17	11.01	お礼	14	1.34	*クルクル*	13	0.93
4	書く	21	5.26	方	13	8.77	大きな	13	1.18	*ヒロノブ*＊	12	0.79
5	ハッピーエンド	20	4.95	違う	11	6.55	彼	13	1.18	*カバ*	12	0.79
6	唱歌	15	3.42	最後	10	5.81	*ウツボ*	9	0.58	女の子	11	0.66
7	物語	15	3.42	読む	10	5.81	子ども	9	0.58	赤ちゃん	11	0.66
8	子ども	11	2.22	物語	10	5.81	食べる	8	0.44	*カラス*	9	0.42
9	作品	11	2.22	一番	6	2.89	*イルカ*	7	0.3	子ども	9	0.42
10	読む	11	2.22	悪い	6	2.89	砂浜	7	0.3	死ぬ	9	0.42

＊公立創作群におけるヒロノブのみ該当クラスの生徒名であるため，仮名に変更している。
　なお，上位10以内に入っていないが，他にも複数名該当クラスの生徒のあだ名を用いた生徒がいた。
　下線斜体は本章が定義する意味での「創造性」に該当する語を示す。

た語だった。公立中か附属中かの違いからみると，公立創作群では，「クルクル」や「ヒロノブ」など，クラス内の友人を物語創作の素材に用いたことが分かる[9]。

　事例で確認する。附属創作群，公立創作群のうち，それぞれ「イルカ」，「クルクル」を使って物語を創作した生徒の記述内容を図4.12，図4.13に示す。図4.12の事例では，イルカという語が，原作の亀と女性に対応するかたちで用いられた。登場人物は置き換えられたが，助けたイルカに連れられて，龍宮城に対応する水族館に行き，土産に箱をもらい，故郷に帰るというストーリーラインは，教材文と同じだった。一方，図4.13の事例では，クルクルという語が，原作の亀に対応するクルクルした子，リーゼントのいじめっ子に対する罰，原作の龍宮城に対応するクルクルの世界に用いられた。こちらも前の事例と同様，助けたものに連れられて竜宮城に対応する場所に行き，土産に箱をもらい，故郷に帰るというストーリーラインは同じだった。

　参考に，附属自由記述群，公立自由記述群のワークシート３への記述例を確認する。教材文にない語として，生徒が用いた語のうち，上位10位以内の語を用いたことを条件に選んだ（図4.14，図4.15を参照）。

　図4.14は，上位10位以内の語のうち，「２．違う」，「６．唱歌」，「８．子ども」を用いて文章を書いた生徒の事例である。上位語「１．御伽草子」，「３．浦嶋子縁起」はないが，「唱歌以外の二つ」という文言があり，附属自由記述群における典型的な事例と言える。三つの教材文の「違う」点を述べ，その理由について，対象とされる読者の観点から「子ども」向けに書き変えられたと自分の考えを述べた。形式面に着目すると，疑問―答えという構成で書かれ，全体の構造が明確だった。一方，内容面に着目すると，「『前世の縁があります』とか言う女とは付き合ったらロクなことがないぞ，気をつけろ」というメッセージを読み取ったり，「きれいごとなお話」としてまとめたりするなど，他の生徒にない独自性が認められたが，教材文に書かれ

第 4 章　読みの目標の違いが生徒の文章産出に与える影響　131

たことに対する反応の域を出ず，本研究が定義する意味での創造性は認められない。

　図4.15は，上位10位以内の語のうち，「１．御伽草子」，「２．浦嶋子縁起」，「３．良い」，「５．違う」，「７．読む」，「９．一番」を用いて文章を書いた生徒の事例である。三つの教材文の「違う」点に言及した点で，図4.14の事例と同じだが，「びっくりした」と述べたのみで，前後の文とつながってない。つまり，図4.12，4.13，4.14，の事例とは異なり，全体の構造を見出せない。内容も教材文に書かれたことに対する反応の域を出ず，やはり本

昔々，あるところに浦島太郎という少年がいました。ある日，釣りをしていると向こうの方で怪我をした*イルカ*がいました。浦島はかわいそうだと思い助けてあげました。翌日，また釣りをしていると*イルカ*が現れて浦島にお礼を言いました。*イルカ*は浦島がまだ行ったことがない水族館に連れていってあげました。浦島は楽しくなって何日でもいるよと*イルカ*に言いましたが，しばらくすると故郷が恋しくなってしまい，*イルカ*とはお別れすると言いました。*イルカ*は手土産に大きな箱を渡しました。故郷に帰ってみると自分の家はなくなっていて知り合いもいなくなっていたそうです。さみしくなった浦島はイルカからもらった箱を開けました。（附属創作群，男子。下線は引用者による，表4.4の上位語であることを示す）

図4.12　附属創作群における創造的な読者反応の事例

昔々，あるところに*クル神様*という人がいました。ある日，*クルクルした子*が*リーゼント*の人たちにいじめられていました。そこに*クル神様*が現れて髪の毛で*リーゼント*の人たちを*クルクル*にしてしまいました。そしたら*クルクルした子*が*クルクルの世界*に連れて行ってくれて，そこで楽しく過ごしました。*クルクル*が飽きて帰ろうとすると尺と書かれた箱をもらい絶対に開けてはいけないと言われて帰りました。そして帰ると誰もいなくて，そして箱を開けようと思って開けると，黒いのが出てきて*リーゼント*になってしまいました。そして*リーゼント*の*よっきゅん*と出会い，二人で仲良く暮らしました。（公立創作群，男子。下線は引用者による，表4.4の上位語であることを示す。）

図4.13　公立創作群における創造的な読者反応の事例

132

> 内容が違う理由が子ども向けや絵本向けに誰かがわざわざ変えたからなのか，それとも人から人に伝えていくうちに自然に変わってしまったのか，どちらなのか気になる。私個人の意見としては，唱歌以外の二つは，「前世の縁があります」とか言う女とは付き合ったらロクなことがないぞ，気をつけろ，というメッセージを込めて作られたもので，子ども向けにするときに「約束は守りましょう」というきれいごとなお話に変えられた，とかそういう理由だったら面白くて良いと思う。(附属自由記述群，女子。下線は引用者による，表4.4の上位語であることを示す)

図4.14　附属自由記述群における生徒の記述例

> 私は三つの話のなかで一番，御伽草子が良いと思いました。読んだことのある浦島太郎とは違っているところがたくさんあってびっくりした。浦島太郎は若いと思っていたけど，浦嶋子縁起では300歳くらいだと書かれていて驚いた。(公立自由記述群，女子，下線は引用者による。表4.4の上位語であることを示す)

図4.15　公立自由記述群における生徒の記述例

研究が定義する意味での創造性は認められない。

4.4　考察

　本章では，「新しいお話を作る」という学習目標のもと文学的文章を読むことが生徒の多様で豊かな読者反応を促すという仮説を検証した。

　「豊かな読者反応」とは，他の人と同じような読者反応にならないこと，つまり，文学的文章を読んだ後，他の人と異なる内容で文章を書くという意味だった (4.1)。「新しいお話を作る」ために文学的文章を読んで物語を書く方が，「〈読み〉を広げたり深めたりする」ために文学的文章を読んで自由に文章を書くよりも生徒の記述量は多く (4.3.1)，他の生徒と異なる内容で文章を書く傾向も認められたため (4.3.2)，本章の仮説は検証されたと考えられる。

「〈読み〉を広げたり深めたりする」ために自由に文章を書くという学習目標と課題は，小学校1年生から繰り返し行われる授業の典型に近かったために，「新しいお話を作る」ために文学的文章を読んで物語を書くタイプに比べ，生徒の読者反応に多様性が認められなかったと考えられる。つまり，学校という場で夏休みの読書感想文などを通して，繰り返し同じタイプの文章を書き続けてきた生徒は，「自分が本当に書いてみたいことであれば，何を書いても良い」と言われても，「こう書いておけば良い」という固定観念から離れられず，いわゆる「感想文」として皆が同じような文章を書くに至ったと考えられる。また，山元（2005, pp.580-581）は，中学生が作品世界を一般化した読者反応を示しやすいことを指摘している。作品世界の一般化とは，突き詰めれば原稿用紙何枚にもわたる文章を一語に抽象化する作業であり，例えば，「こころ」（夏目漱石）の文章全体が「近代的自我」，「知識人の孤独」などに置き換えられることである。そのため，作品世界を一般化した読者反応を示しやすい，中学3年生を対象にした本章の調査では，とくに同じような読者反応が生じやすかったと考えられる。

　生徒が文学的文章を読んだ後，同じような文章を書く弊害は，教室の読書の特徴である他者と読む（0.2, 図0.6）時に顕著に現れると考えられる。読みの交流は，自分と異なる読みをした他者がいることが前提となり（1.3.1），皆が同じような読みだった場合，そもそも交流活動が成立しない。本調査で行った実験授業では，ワークシート3の記述を終えた後，交流活動を設定していた（4.2.1, 表4.1）。この交流活動は，その場にいた筆者の実感として，附属中か公立中かを問わず，明らかに創作群の方が盛り上がっていた（表4.5, 表4.6）。その一つの根拠が創作群では，お互いに書いた文章に関わるやり取りが多くなされたのに対し，自由記述群では，書いた文章と関係ない話の方が多かったことである[10]。表4.5は，他の生徒が書いた文章をすぐに読み終え，同じような内容だったため質問がない，という自由記述群の実態を端的に示す。そのため書いた文章と関係ない話が多かったと言える。それに対

134

表4.5　附属自由記述群のワークシート3を読み合う場面のプロトコルの抜粋

ターン	発話者	発話内容
1-1	教師	じゃあグループで交換して
1-2	高橋さん	交換しました
1-3	岩田くん	しました
1-4	教師	もう読んだの。読んじゃったの。えーじゃー質問とかなかった？
1-5	斎藤くん	なんかーおんなじ内容だったよね

表4.6　附属創作群のワークシート3を読み合う場面のプロトコルの抜粋

ターン	発話者	発話内容
2-1	岡本くん	はなさん普通じゃない？
2-2	木本さん	普通だよ
2-3	岡本くん	もうちょっといじって遊ぼうぜ
2-4	木本さん	（笑い）
2-5	岡本くん	俺なんてさ海から山にしたんだから
2-6	木本さん	うそー
		（中略）
3-1	小林くん	はいはいはいはい。はいできた。はいできた
3-2	岡本くん	ありがと　(3.0)* 別にそれは
3-3	小林くん	うらしま，うらどり，まぁいいや
3-4	岡本くん	何かスタートからおかしいだろ。人類が宇宙に住むようになったころ，っておかしいだろ
		（中略）
4-1	岡本くん	前衛的過ぎる。浦島太郎が
4-2	小林くん	見せて見せて XXX**
4-3	木本さん	えーXXX　(27.0)　おもしろい
4-4	小林くん	XXX あんま変わんないじゃん
4-5	岡本くん	XXX 普通だから

*3秒間，音声が途絶えていることを示す。
** 発話内容不明

し，表4.6は，自分が書いた文章を他の生徒に読んでもらおうとする発話や（3-1），他の生徒が書いた文章を読みたいという発話があった（4-2）。また，他の生徒が書いた文章に対する感想や批評もあった（2-1，3-4，4-3，4-4）。同時に，自分が書いた文章をアピールする発話もあった（2-

5）。ここで示したプロトコル以外にも，創作群には「なんでウツボがでて
くるんだよ」（公立創作群）と他の生徒が書いた文章に対する質問や「亀ザリ
ガニに変えようかな？」（公立創作群）と自分のアイディアを伝える発話な
ど，多様な交流があった。

　「新しいお話を作る」ために文学的文章を読んで物語を書くという実践に
対して，事例で示したような創作という形をとった読者反応が（図4.12，図
4.13），どの程度，対象とする文学的文章を読んでいることになるのか，とい
う批判があるかもしれない。確かに，作品世界を一般化した読者反応が画一
的であると批判し，読者の自由な創造のみを教師が励ますことは問題であ
る。文章の語義を理解し，そこから登場人物の心情の推移を把握し，主題に
到達することは，文学的文章を読むことの大切な側面であると同時に，学力
調査で問われることも多く，国語科の授業で扱わないわけにはいかない。し
かし，読者の「喜びを味わう」スタンスに着目した Rosenblatt（2013）の理
論（0.2，図0.5）や Sipe（2008）の調査研究で見出された読者による物語の再
創造（0.3.4）という側面も，国語科の授業で扱わないわけにはいかないと考
えられる。一つは，小中高等学校を修了した大学生の中，よく本を読むの
は，「読書を楽しみたい」，「本の世界が好き」など，読書それ自体に価値を
置く学生であることが明らかにされているからである（平山，2008，p.143）。
本調査において，生徒が読みを交流する時に盛り上がっていたのは，自由に
文章を書いたクラスではなく，物語を創作したクラスだった（4.4，表4.5）。
文学的文章を読んだ後，同一テーマや素材で物語を創作する活動は，生徒が
読書の楽しさを経験する機会になると考えられる。もう一つは，プロの作家
が文学的文章を読んだ後，同一テーマや素材で自由に創作した作品が商品と
して数多く流通しているからである[11]。つまり，文学的文章を読んだ後，同
一テーマや素材で新たな文学的文章を書く行為は，社会で実際に行われてい
る活動なのである。「きつねのたまご」（伊佐見，1986/1988）の見返しのペー
ジに書かれている作者の言葉「昔のお話では，きつねはいつも悪者かずる賢

い動物として描かれていました。わたしは，いつも世界のどこかに優しくて
ユーモアのあるきつねがいると信じていました」は，既存の文学的文章に対
する読者反応として創作があり得ることを端的に示すと言えるだろう。

　ただし，本章では，クラスメイトのことを創作の素材として用いたことを
Sipe（2008）が示す行為遂行的な反応の事例（0.3.4）と酷似していたことによ
り積極的に評価する文脈で取り上げたが，実践においては，「そのことに
よって誰も傷つかないこと」という条件が守られる必要がある。公立創作群
で示した事例は（4.3.3，図4.13），生徒がその文章を書いている時，担任教師
から「それだけはやめて」と注意を与えられていたことから，この条件が守
られていなかった恐れがある。

　一方，内容面だけでなく形式面に着目した場合にも，文学的文章を読んだ
後，物語の形式で文章を書かせることの意義は見出せる。学力調査の結果が
全国平均を下回る公立中学校の自由記述群の事例（図4.15）では，他の三つ
の群の事例（図12，図13，図14）と異なり，全体の構造が見出せなかった。
「自分が本当に書いてみたいことであれば，何を書いても良い」と言われた
場合，何を書くかという内容だけでなくどう書くかという文章構造まで自分
で考えなければならない。本調査の自由記述群では，生徒がいわゆる感想文
を書く結果になったと考えられるが，感想文を書く場合にも，文章構造に関
わる難しさが指摘されている（山元，2015）。それに比べ，物語創作の場合，
どう書けば良いかという点は，とくに本調査で用いた「浦島太郎」のような
昔話では，「物語文法」（5.2.1で詳述）という安定した構造があり，自分で考
える負担が少ないと考えられる。子供はこうした物語の構造を，就学前にほ
ぼ獲得していることが明らかにされているからである（Applebee，1978，
0.3.4）。つまり，物語創作は，自分で自由に構成を考えて文章を書いたり感
想文を書いたりするよりも，生徒が比較的書きやすい点にも意義があると言
える。

　先行する調査研究の検討により，物語創作活動を指導過程に取り入れる意

義は，読書行為を一人の作者が書いた一つの作品を一人の読者が読むという
閉じた関係から作者，作品，読者を他の作者や作品，読者との開かれた関係
の中で捉えなおせる点にあると指摘した（0.3.4）。本調査で筆者が観察した小
グループでは，例えば，「くらげの骨なし」などこれまでに読んだことがあ
る物語を思い出して，それを生かして新たな「浦島太郎」を創作する試みが
見られた[12]。この小グループだけでも他に，文章を書く過程で「因幡の白
兎」や「桃太郎」に言及する場面があった。加えて，「わかった。いじめら
れている子供に―元気を与える物語にしよう」，「えーでも亀？　おもっ重く
ない？」など，作者として作品に込めるメッセージについてのアイディアを
交換する場面もあった。書いた作品について，読者の立場から活発にやり取
りしていた様子は，先に示した通りである（表4.6）。生徒は，作者として作
品に込めるメッセージを考えたり，これまでに読んできた他の作品を想起し
たり，読者としてクラスメイトが書いた作品を評価したりと，他の作者や作
品，読者との開かれた関係の中で読書していたと評価できる。

　指導過程に物語創作活動を取り入れる意義を読書行為の開かれた関係の実
現にみた場合，必ずしも，先行実践（0.3.4）や本章で行った実践のように，
まず文学的文章を読んだ後，新たな物語を創作するという手順だけでなく，
まず物語を書いてから，その後，文学的文章を読むという手順も考えられ
る。先行実践では，主に小学校段階を対象にしていたのに対し，本章のよう
に，中学校段階を対象にした場合，生徒は既に様々な文学的文章を読む経験
を積み重ねているからである。あえて，授業でたたき台となる物語を読むこ
とから始めなくても，本章で行った実践で生徒が物語を創作する過程で様々
な他の作品を思い出していたように，中学生は物語を創作するのに必要な素
材を豊かに蓄えていると考えられる。その素材をどう構成するか，という形
式面に関する知識は，就学前にほぼ身につけていることは先に述べた通りで
ある。次章では，まず物語を書いてから，その後，文学的文章を読むという
手順の実践が可能かを生徒の学習過程の分析に基づいて検討する。

【第4章　注】

1）　塚田（編）（2014）は，平成25年度の筑波大学大学院教育研究科の授業科目「国語科教育実践演習」（塚田泰彦氏・長田友紀氏担当）の研究成果をまとめたものである。筆者は，この授業にTAとして参加した。筆者個人で，研究授業から得たデータ（中学1年生が書いた自分が知っている「浦島太郎」と複数の「浦島太郎」を読んだ後に書いたオリジナルの「浦島太郎」）を対象にテキストマイニングによる分析を行い，「創作を目的とすることの意義は，学習者の創作に対する意欲の高さと，それに伴って自分が作る物語に生かすために読むという学習者にとって必然性のある読む学習が行われやすい点にある」（勝田 a，2014，pp.151-152）という知見を得た。

2）　平成26年6月4日付けで研究倫理委員会より承認を受けた（課題番号　筑26-16）。
　　課題名：文学の授業における創作活動の効果に関する調査研究

3）　二つの中学校は，それぞれ第2章の観察対象，第3章の観察対象と同じである。

4）　いずれも国語科教育を専攻する修士課程の2年生。

5）　T国立中学校でメイン・ティーチャーを務めた大学院生。

6）　A公立中学校では，実験授業の後に行う説明的文章の「比べ読み」の授業の導入として，今回の実験授業が位置づけられた。T国立大学附属中学校では，単発の実験授業として行われたため，年間カリキュラムとの関連は配慮されなかった。

7）　国語科教育を専攻する修士課程1，2年および博士前期課程1年生，筆者，以上4名。

8）　株式会社キングジムの商品。カメラが四つついているため，小グループの話し合いのプロトコルを作成する時，誰が発話したのか判断しやすい。

9）　「クルクル」は，縮れ毛の生徒を指し示す語であった。

10）　各クラスの抽出班（ミーティングレコーダーによる記録を行った班）において，書いた文章内容に関わる実質的なやり取りを継続して行ったのは，附属創作群で4班中4班，附属中自由記述群で4班中1班，公立創作群で8班中7班（残り1班は交換せず自分の物語を書き続ける），公立中自由記述群で4班中0班だった。

11）　例えば，3人のマッチョで毛むくじゃらな王子にいじめられる末っ子の王子が魔法使いによってゴリラに変身させられ，ドタバタ劇の末にお姫様と結婚する

という「シンデレラ」からの創作「シンダーズ王子」（Cole, 1987）や 3 びきの
おおかみが協力して建てた家が，わるいおおぶたに壊されていくが，最終的に
はおおかみとおおぶたが仲良しになるという「3 びきのこぶた」からの創作
「3 びきのかわいいおおかみ」（Trivizas, 1993/1994）などがある。

12) 「くらげの骨なし」は，くらげに骨がない理由を説明した昔話である。龍宮城で
   働く未だ骨のあったくらげがお姫様のためにサルの肝を持ち帰ろうとするが，
   失敗してその罰に骨を抜かれたという話である。筆者が附属中で観察した小グ
   ループの女子生徒は，この話を想起し，いじめられていた（うつぼの）子ども
   を助け，お礼の品をもらうという「浦島太郎」の筋と，ウツボが細長い形状を
   している理由を説明するという「くらげの骨なし」の筋を組み合わせた物語を
   創作した。

第5章

創作指導における生徒の物語改作過程の事例分析

　本章では,「おおきな木」(シェル・シルヴァスタイン)の挿絵を基に筆者が作成した教材で物語を創作し,その後,「おおきな木」を読むという授業を分析します。物語創作活動を指導過程のどこに位置づければ良いかについて,知見を得ることが本章の目的です。

5.1 本章の目的

　本章の目的は，読書行為において「作者－文章－読者」の開かれた関係を
実現するために，物語創作活動を指導過程に取り入れる時，まず，生徒が物
語を創作した後，文学的文章を読むという手順が可能かを検討することであ
る。

　先行実践（0.3.4）と第4章で行った実践は，指導過程に物語創作活動を取
り入れて「作者－文章－読者」の開かれた関係において生徒の読書行為を成
立させたと評価できるが，いずれも，まず文学的文章を読み，その後，物語
を創作するという手順だった。4.4で考察したように，中学生は，これまで
読んできた様々な文学的文章を想起して，それらを参考に物語を創作する力
を持つ。この事実に着目した場合，必ずしも文学的文章を読んでから物語を
創作するという手順をとる必要はなく，反対に，まず物語を創作した後，文
学的文章を読むという手順をとっても良いと思われる。この発想を支える根
拠として，スキーマ理論を背景に書くことと関連づけた読むことの学習を構
想した，塚田（2009, p. 9）の主張がある[1]。

　　このあたりの実践的な機微に触れることは簡単ではないが（引用者注：スキー
　　マ理論を踏まえた学習者中心の読み書き学習），仮に，教師が，「物語創作のいろ
　　は」を教授した上で物語創作活動に入る授業と，この種の前段階の指導を意図的
　　には行わず，突然，物語を書く課題を与える授業とを比べてみると，事の本質が
　　見えやすいかもしれない。何も，型どおりに物語創作の手順や知識を一から順に
　　教えなくても，大体のところで，ほとんどの学習者は「物語を書いてみることが
　　できる」のである。出来不出来を二の次にすれば，この「書いてみることができ
　　るという事実」が重いのである。繰り返し物語を読むことを通して蓄えた潜在的
　　な知識があるために，私たちは突然そのことを求められても，おおよそ物語を書
　　いてみられる。読むことで身についた知識は既に表現の原理と共に記憶され，潜
　　在的な学力となっているからである。

先行実践と第4章のヴァリエーションとして，また，スキーマ理論を背景に読むことの学習における書く活動の位置づけを考察した塚田（2009）を根拠として，本章では，まず，生徒が物語を創作した後，文学的文章を読むという手順が実践として可能か，実践可能な場合，そこでどのような学習が行われたかを明らかにすることを目的とする。

5.2　研究の方法

5.2.1　授業の構想

生徒が物語を創作し，その後，文学的文章を読む授業を構想するに当たり，国語科における創作指導の実践とスキーマ理論を参考にした。

これまでの国語科における創作指導の実践を参照すると，各実践家の独自性を見出せる一方，創作活動に対する生徒の意欲の高さに着目した点が共通する[2]。その事実は，池田ら（1988）やプロジェクトワークショップ（編）（2008）の表題「書くことが楽しくなる」，「『書く』ことが好きになる教え方・学び方」などが端的に示す。4.4で考察した，創作活動が生徒にとって楽しい活動になるという事実は，多くの実践家によって共有されているのである。また，大村（1983）は，創作指導の目的を「優秀な完全作品の創出よりも，全員が書くことを楽しみながら，書く過程を通して表現力を身につけていくこと」（p.392）と述べ，楽しさだけでなく，表現過程を重視する発言を行っている。表現過程重視の作文指導は，近年の国際的な趨勢である[3]。以上を踏まえ，⑴生徒が楽しんで取り組める物語創作の課題であること，⑵創作の結果だけでなく過程を重視することを実践の要件とした。

塚田（2009）が「突然，物語を書く課題を与える授業」を提案した根拠は，認知心理学のスキーマ理論だった。物語に関わるスキーマ理論（物語スキーマ）が生まれた背景を，内田（1994, pp.28-29）は以下のように説明した。

私たちは，いかなる意味においても経験しないものについてはわからない。現実の私たちをとりまく世界に存在しない創作を読んでわかる，あるいはそこに身をおいていないのに，何千年も前の歴史上の出来事が書かれた書物を読んでわかる，戦争体験を聞いてわかるというのは，それを表現する形式が私たちの経験世界の中に，かねて準備されていることによる。私たちは，書かれたものを読んで理解したり，今目の前でおこっている出来事がこのあとどうなっていくかを推測するときに，この表現の形式についての知識を無意識のうちに使っているらしい。

ここで内田（1994）が言う物語を理解するための表現形式についての知識が物語スキーマである。物語スキーマを具体的に記述した物語文法の説明は，論者により細部が異なるが，例えば，高木（1987, p.108）は以下のように説明した。

> ①物語とは，いくつかの話題（小話）の連続的展開によって構成されている。
> ②物語展開の大枠には一つの型がある。
> ・設定……物語がはじまる場所・時・登場人物などを紹介する。
> ・目標……事件の発端や解決すべき問題などを提示する。
> ・展開……主人公が目標にかかわってひき起こす行動の展開の筋立て。
> ・結末……事件の解決とその後の成り行きについて語る。
> ③大枠構造の中に含まれる一つ一つの話題の内容は，常に完全な話の形をとるとは限らないが，状況の説明（開始部），主人公の行動とその結果（展開部），および物語全体への関連や次への展開（終末部）とが語られることが多い。つまり，話題内の小話も一つの小さな物語の構造をもっているのである。

高木（1987）は，この具体例として，「桃太郎」の構造分析を提示した（表5.1）。話題間の展開には，大きく分けて「時間的経過にともなう変化（2-3，4-5-6-7-8）」と「話題が次の話題への目標や因果的関係をもって展開するもの（3-4，8-9-10）」がある。

私たちがこのような知識を持っているために，物語を読んだり書いたりできると考えるのが物語に関するスキーマ理論である。この理論を参考に授業

表5.1 高木（1987）による「桃太郎」の構造分析

設定 ┌ 話題1…… 昔々，あるところ
　　　│　　　　　おじいさんとおばあさん
　　　│　　　　　桃をひろう
　　　│
　　　└ 話題2…… 桃を切ろうとする
　　　　　　　　　男の子が生まれる
　　　　　　　　　子どもとして育てる（桃太郎と命名）

目標　　話題3…… 成長した桃太郎
　　　　　　　　　悪い鬼の話を聞く
　　　　　　　　　鬼退治を決意する

　　　┌ 話題4…… おばあさんの作ったキビ団子をもって
　　　│　　　　　旅に出かける
　　　│
　　　│ 話題5…… 犬に会う
　　　│　　　　　キビ団子をほしがる
展開 ┤　　　　　　団子をやって家来にする
　　　│
　　　│ 話題6…… 猿に会う〈繰り返し〉
　　　│
　　　│ 話題7…… 雉に会う〈繰り返し〉
　　　│
　　　└ 話題8…… 鬼ヶ島へ着く
　　　　　　　　　三匹の家来とともに鬼と戦う*

結末 ┌ 話題9…… 鬼が降参する
　　　│
　　　└ 話題10…… 鬼の財宝をもらって凱旋する

*この部分を，より詳細にいくつかの話題を加えて語られることもある。

を構想する場合，物語を読む活動と書く活動の違いは，それほど問題にならないと考えられる。なぜなら，物語の読み書き活動を通して，物語の形式に関する知識を洗練させることが焦点になるからである。以上を踏まえ，物語の読み書き活動を通して，生徒の物語の形式に関する知識を洗練させること

146

を授業構想の第3の要件とした。

　以上，国語科における創作指導とスキーマ理論を参考に，次の授業を構想・実践した。

第1時：絵をもとに物語を書くという課題を生徒に与えた。「このような物語を書けば良い」という生徒の先入観を避けるため，学習目標を提示せず，絵を配布し，物語を書くよう指示した。ただし，次の時間に他の生徒が書いた作品，絵のもとになった原作を読むことを伝えた。

第2時：希望した生徒が，第1時に書いた物語をクラス全体に向けて読んだ。その後，教師が絵のもとになった原作「おおきな木」（Silverstein, 1964/1976）を読んだ。他の生徒は，発表者の作品や原作を聞く時，ワークシートを用いて，第1時に書いた自分の物語をどう修正するか考えた。残りの時間は，第1時に書いた物語を個人で修正する時間とした。

第3時：「おおきな木」を例に「物語の構造」を学習した後，物語を完成させた。物語の構造は，高木（1987）が提示する物語文法をもとにした。はじめに教師が全体構造を提示した。次に，各部分の定義を示し，「おおきな木」ではどこに該当するか生徒に考えさせた。残りの時間は，個人で第2時までに書いた物語を完成する時間とした。

　授業で用いた絵とワークシートを図5.1〜図5.3に示す。

　授業を実施した学校は，T国立大学附属中学校だった。授業は，同校に国語科の非常勤講師として勤務し，第2学年の国語科の授業，全5クラスを週1時間ずつ（3時間中）担当する筆者が行った[4]。授業を行うに先立ち，筆者が所属する大学の研究倫理委員会の申請を経た研究計画書をもとに，学校長に研究説明を行い，承諾を得た[5]。さらに，授業後，抽出生徒に対し，授業内容について自由に話してもらうインタビューを行いたい旨を同学年の国語科を担当する教諭に伝えた。その結果，授業の記録とインタビュー調査を1組（41名：男20女21），3組（39名：男19女20）で行うことに決めた。同教諭

第 5 章　創作指導における生徒の物語改作過程の事例分析　　147

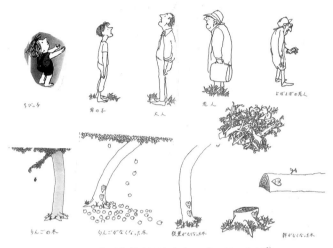

図5.1　物語創作課題を与える時に用いた絵[6]

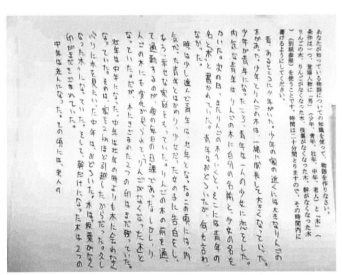

図5.2　物語を書くためのワークシート[7]

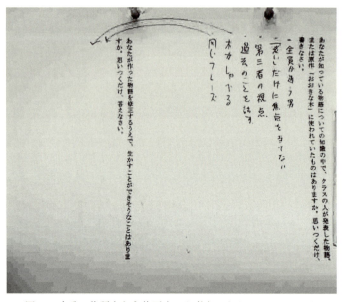

図5.3 自分の物語をどう修正するか考えるためのワークシート

立会いのもと，各クラスの生徒に対し，研究のために授業を記録し，授業後にインタビュー調査を行いたいこと，インタビュー調査への協力は試験の成績に関係しないことを伝えた。生徒から授業を記録することの承諾を得た後，白紙の紙にインタビューに協力したいかどうか○△×で記入させた。複数の生徒が○と書いたため，同教諭が推薦した1組の女子生徒2名，3組の男子生徒2名に決めた。授業は，教室後方からビデオカメラで撮影し，前方からICレコーダーで録音した。授業後のインタビュー調査は，教師の控室である国語科準備室にて，それぞれ二人一組で10分間，授業について自由に語らせる形式で行い，ICレコーダーで録音した。調査期間は2012年6月26日～7月10日（全3時間）だった。

5.2.2　調査の経緯

　第1時，第2時は，1組と3組共に予定通り授業が進行した。第3時は，1組で事前の計画と異なるかたちで授業が進行した。授業者（＝筆者）が物語文法の定義を説明した時，「目標」という用語に納得できない生徒がいたため，「目標」よりも適した用語がないかについて話し合いが展開した。「設定・目標・展開・終末」から「起承転結」という用語に変えて考えることで合意が形成されつつあったが，その後，生徒間で「設定」を起承転結に含めるか否かで意見が対立したため，話し合いは収束しなかった。授業の残り時間が10分間を切ったところで授業者が話し合いを打ち切り，「展開」と「終末」の定義を絵本に基づいて説明し，創作文は夏休みの宿題として完成させるよう指示して授業を終えた。「目標」という用語に納得できなかった生徒と「設定」を起承転結に含めないという意見を出した生徒は，同じ女子生徒青木さん（仮名：以下生徒の名前は全て仮名）だった。さらに，青木さんは，授業後のインタビューの対象者として選定された女子生徒2名の中の一人だった[8]。話し合いが収束しなかった第3時終了後のインタビューにおいて，青木さんの疑問は解消された。

5.2.3　分析の方法

　まず，生徒が物語を創作した後，文学的文章を読むという手順で行う授業が，T国立大学附属中学校の2年生であれば，十分に可能であると示すため，第1時に生徒が書いた創作文を対象に，次の四つの観点に基づき分析する。対象は，第1時から第3時で全て創作文を提出した63名（1組：男13名女18名，3組：男16名女16名）の創作文である。4観点に基づく分析は，1クラス分を2名ずつ（授業者（＝筆者）1名，教員歴13年～23年の教員3名，計4名）で行い，二人で意見が分かれた箇所は，残り2名と協議して決めた。また，抽出生徒青木さんの学習過程を把握するために，第2時と第3時に提出

された創作文も同じ方法で分析した。

分析の観点①　高木（1987）が提示する物語文法の各要素（設定・目標・展開・終末）が含まれるか

分析の観点②　創作文に物語全体を統括する主題が含まれるか

分析の観点③　創作文に虚構の要素（非現実的な要素）が含まれるか

分析の観点④　創作文における語り手の位置がどうなっているか

　次に，本章で構想した授業で生徒がどんな学習をしたかを検討するために，筆者の計画と異なるかたちで授業が展開し，そこで中心的な役割を果たした青木さんの学習過程を分析する。第1に，青木さんが書いた創作文を対象に，前述の4観点による分析結果を参考に，青木さんがどう物語を作り直したか，それがどのような学びとして評価できるかを検討する。第2に，青木さんの物語の作り直しにおいて特徴的だった(1)「設定」の削除と(2)語り手の変更，以上2点が他の生徒にも見られたかどうか，全体の傾向を明らかにする。第3に，第3時の教室談話を対象に，Szatorawski（1993, pp.67-71）の提示する発話機能の観点から分析し，青木さん固有の学びが生じた原因を検討する。

　分析のため設定したリサーチ・クエスチョンは以下の二つである。

　　RQ1：生徒は絵をもとに，どの程度物語を書けたか

　　RQ2：本章で構想した授業で，生徒はどんな学習をしたか

5.3 分析

5.3.1 【分析1】生徒は絵をもとに，どの程度物語を書けたか

分析の観点①の結果を図5.4，各分析例を表5.2に示す。「設定・目標・展開・終末」の全てを含む物語を創作した生徒は63名中23名（36.5%）だった。「終末」がない24名の生徒（38.1%）は，事例2のように，途中で不自然に終わった創作文が大半であり，時間内に書き終わらなかったと判断された。χ^2検定の結果，性別やクラスの偏りはいずれも有意でなかった（性別χ^2（3）=1.38 n.s.：クラスχ^2（3）= 3.67 n.s.）。結果，65名中47名（72.3%）は，性別やクラスによる偏りなく，与えられた素材をもとに脈絡のある物語をほぼ書けたと言える。

分析の観点②の結果，63名中45名（71.4%）が主題有と判断された。さらに，主題有と判断された創作文について，分析者2名以上で検討し主題を付した（例えば「地球環境を守るために奮闘する男」）。命名された個々の主題を五

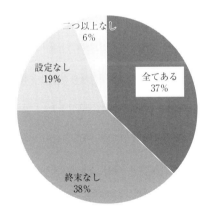

図5.4　第1時における物語文法の各要素の有無

表5.2　物語文法による分析例

全て（設定・目標・展開・終末）あり	終末のみなし
【事例1】2年1組男子	【事例2】2年1組女子

【設定】12000年1月1日，少年Aがこの世に生まれた。彼の名前はまだない。少年Aが生まれると同時に，りんごの木が家の庭に植えられた。それにちなみ，Aは「りんご」と名づけられた＊。（改行）りんごはとても賢い少年であった。理科がとても好きだった。【目標】当時，地球環境がとても悪化していて，あと30年で地球が滅びると言われていた。2000年代の主力エネルギーは電気であったが，この時代は地球の奥深くに埋まっていた石灰が主力エネルギーとなっていた。その影響もあり，空は黒く曇り，温度は高く，蒸し暑く，昼夜の差がない時代であった。【展開】そのような世界を変えようと，彼は立ち上がった。そしてT大学の教授になった。（改行）彼は，温室ガス大掃除機というものを開発し，地球全体にとりつけた。その結果，一時的に地球環境は良くなった。温室効果ガスはほぼ取り除かれた。しかし，CO_2がなくなってしまったので，植物は光合成に苦しみ，りんごもりんごの実を落とした。（改行）次に宇宙船の問題が浮上した。太陽活動に変化が起き，地場が狂った。彼もたくさんの手段を考えたが，効果は全くなかった。りんごの木は枝葉を落とした。そして，幹も倒れ，切り株だけになった。（改行）彼は，たくさんのことを考えたが，効果は全くなかった。りんごの木は，枝葉を落とした。そして，幹も倒れ，切り株だけになった。（改行）彼はたくさんのことを考えたが，結局役に立たなかった。いつのまにか90年の歳月が経過し，当初の30年というものは遥かに超えていた。彼も歳をとり，りんごの木と共に死んだ。【終末】その後，10年で地球は滅びた。彼は救世主であった。

【設定】僕の名前は太郎。僕は毎日りんごの木と遊んでいる。木に登ったり，木の下で寝たり…ある日，僕が庭で遊んでいると，1人の中年くらいの男の人に出会い，言われた。「君は毎日その木で遊んでいるね。その木は君の一生の宝物だね。」僕は，その時，とても嬉しかった。【目標】「大人になっても僕はこの木と遊ぶんだ。しかし，僕が立派な青年になるとりんごの木にはりんごがついていなかった。一瞬，僕は落ち込んだが，【展開】「まだこの木は元気だ」と思い再び，遊び続けた。その時，僕はある女の子と出会った。名前は花子だ。しかし，花子は出会ってから3日ぐらいして，お父さんの転勤が決まり，別れることになった。僕は

設定のみなし	二つ以上なし（設定と終末なし）
【事例3】2年3組女子	【事例4】2年1組男子
【目標】ある時，少年が青年に言いました。「僕は一度でいいからりんごを食べたい」と。（改行）【展開】そして青年と一緒に少年はりんごの木が生えている野原へと向かいました。しかし，りんごは実っていませんでした。その少年には悲しみしかありませんでした。それを見た青年はその木に実を実らせるために精一杯の努力をしました。そして1年，2年と経ち，ようやく3年後にたくさんのりんごが実りました。【終末】少年はその場で食べ，青年にとても感謝しました。それから長い年月が経ち，少年は壮年に，青年は中年になっていました。壮年は昔，中年に喜びをもらったように，自分も喜びをあげるのだとたくさんのりんごを生産し，子どもたちに喜びを与えた。	ある日，壮年の家に生えているりんごの木のもとに，一人の少年がやってきました。【目標】少年はりんごの木からりんごを一つ落とし，どこかへ去っていきました。壮年はそれを見て不思議に思いましたが，放っておきました。その後も毎日少年はりんごを落とし，どこかへ持って帰りました。（改行）ある日のこと，壮年が家へ帰ると，青年とその仲間たちがりんごを落としているではありませんか。壮年は「やめろ！」と言って駆け寄りました。青年たちは一斉に逃げ，りんごは全て落ちてしまいました。その後，少年が来ました。【展開】少年はそのりんごの木をじっと見つめ，悲しそうな顔をして去っていきました。（改行）あくる日，壮年の家に一人の中年がやってきて，「りんごをいくつか分けてもらえませんか」と頼んできました。しかし，ないものは渡せません。壮年は，「すいません，りんごは全て落ちてしまったんです」と謝りました。「そうですか…」と中年は言い，悲しそうに去っていきました。それからしばらくして，こないだの青年

*下線は【設定】【目標】【展開】【終末】があると判断する根拠になった文を示す。

つのカテゴリーに整理して表5.3，図5.5，各分析例を表5.4に示す[9]。χ^2検定の結果，性別やクラスの偏りはいずれも有意でなかった（性別 $\chi^2(1)$ =0.92 n.s. ; クラス $\chi^2(1)$ = 0.41 n.s.）。

分析の観点③の結果，63名中13名（20.6%）が虚構の要素有と判断された。分析例を表5.5に示す。多くの生徒は絵をもとに，現実的な物語を創作する傾向にあったと言える。

χ^2検定の結果，性別やクラスの偏りはいずれも有意でなかった（性別 $\chi^2(1)$ =1.59 n.s. ; クラス $\chi^2(1)$ = 0.14 n.s.）。

分析の観点④の結果を図5.6，分析例を表5.6に示す。語り手を登場人物以

表5.3 主題の五つのカテゴリー

主題	定義
交流	男と木の交流に焦点を当てた物語である。男が木を育てるという現実に即した物語と人格を持った木と男とが遊ぶというファンタジーの両方を含む。
成長・老い	時間の経過に伴う男の成長や老いに焦点を当てた物語である。必ずしも木と男との間に明確な関連づけはなされていない。
思い出	思い出に焦点を当てた物語である。木との交流の思い出だったり，彼女との思い出だったりする。
ファンタジー	非現実的な出来事に焦点を当てた物語である。例えば，男の言ったことが現実化したり，若返りの星に飛んだりなどがある。
りんご	りんごを取って自分で食べる／誰かに食べさせることに焦点を当てた物語である。

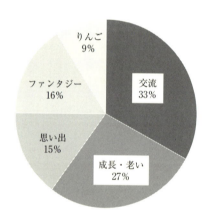

図5.5 主題の五つのカテゴリーへの分類結果

外とする3人称視点で物語を創作した生徒は63名中58名（92.1%），登場人物の心情を描写して物語を創作した生徒は63名中35名（55.6%）だった。χ^2検定の結果，性別やクラスの偏りはいずれも有意でなかった（性別 $\chi^{2)}(1)$ =1.59 n.s.；クラス $\chi^{2)}(1)$ = 0.14 n.s.)[10]。

第 5 章　創作指導における生徒の物語改作過程の事例分析　　155

表5.4　主題の五つのカテゴリーへの分類例

主題なし	主題：交流「思い合う少年と木」
【事例1】2年3組女子	【事例2】2年3組男子
私が物心ついた時には，もうその男の子は生まれていた。家が隣だったものだから父と母とその親子3人で赤ちゃんを見に行ったことを覚えている。男の子の両親は，それはそれは嬉しそうに赤ちゃんを見せてくれた。まだ，言葉をしゃべれないし，寝てばかりだって。私の父と母も同じように喜んでいたのかな。それからしばらくして，男の子の家の小さなお庭には小さなりんごの木が植わっていた。何でりんごの木なんか植えたんだろう。私はそう思っていた。数年経って，男の子と私は仲の良い友達になっていた。時々，男の子のお庭に遊びに行って，りんごの木を見せてもらったけど，日に日に大きくなるのがよく分かった。	A町にある少年がいた。少年は生まれたばかりの頃から野原にあったりんごの木と遊んでいた。木登りをしたり，りんごを収穫したり。少年とりんごの木は遊んでいくうちに絆が深まっていった。しかし，少年は壮年となり，仕事をしに行くことになった。仕事場はB町なのでA町に住んでいた壮年は引っ越すことになってしまった。（改行）「これでこの木ともお別れ…」そう思い，りんごの木を目に焼きつけるまで見て，壮年は引っ越した。翌日，りんごの木は毎日遊んでいた壮年が突然遊びに来なくなったので壮年は引っ越したのだと悟った。そして，木は真っ赤なりんごをぽとぽと落とした。まるで涙を流しているかのように…月日が流れ，中年となったKは仕事を辞め，A町に戻ってきた。するとどうだろう。それからというもの，りんごの木は元気をなくし衰弱していった。Kは目を疑った。「あんなに一緒に遊んでいたのに…」そこには衰弱し，枝葉がなくなったりんごの木しかなかった。それからのKはあっという間に衰弱し，年老いていき，いつの日か老人となった。Kは自分の最後が近いことを知っていた。りんごの木も幹はなくなっていた。
主題：成長・老い「木と共に生きた太郎」	主題：思い出「りんごの木を見て妻を回想する男」
【事例3】2年1組男子	【事例4】2年1組女子
あるところに少年が一人いました。少年の名は太郎。少年は花子という女の子が好きでした。少年は，りんごの木を見つけてそのりんごの木の下でお願いをしました。それから少し経ち，少年は青年になっていました。そして，青年は花子に告白をしました。そして，花子と付き合うことになり，りんごの木にハートを彫り，自分と花子の名前を彫りました。りんごの木には，りんごがなくなっていました。少し経ち，青年は壮年になっていま	20年前は，真っ赤に染まって実をつけていたりんごの木。今，顔を上げると，そこにあるのはりんごをつけなくなった木だ。私は，甘いため息をついた。妻が大好きだったりんごの木。私も妻も元気だった頃は，よく来ていた。真っ赤に染まっているりんごの木を見て妻はよくこうつぶやいていた。「私もこのりんごのように永遠に輝いていたい。」今思えば，あの頃から自分の最後を分かっていたのかもしれない。そう思いながらもう一度見上げた

156

した。太郎と花子の間には，小さな子どもがいました。その子どもに自分と花子の出会いを話していました。（改行）それから少し経ち，木には枝葉がなくなった頃，中年になった太郎は，孫と一緒に木の近くに立っていました。そして，花子や子どもたちと楽しい時間を過ごしていました。（改行）そして7年後，老人となった太郎は花子を失ってしまいました。そして，太郎は幹がなくなった木で泣き崩れ，そのまま花子の写真と一緒に木によっかかりました。そして，しばらく泣いた後，太郎は今までのことを思い出しながら，笑顔で深い眠りにつきました。

先には，やはりあるのは古ぼけた木だった。妻の最後と共に実をつけなくなった木であった。まるで妻と一心同体であるかのように。（改行）妻の一周忌を迎えた。私と妻の間に子どもはなく，身寄りがなかったため，せめてあのりんごの木の下で迎えようと思ったのだ。（改行）ふと顔を上げると，りんごの木に一つだけ小さなりんごがなっていた。

主題：ファンタジー「若返りの星に到着」	主題：りんご「りんごを食べさせる男」
【事例5】2年1組男子	【事例6】2年3組女子

あるところに老人がいた。老人はすごく金持ちだったので月に行ってみたいと思った。そして大金をかけて月に行った。しかし，月に着く直前，宇宙船はワープをして未知の星へ着いた。その星は地球と変わらず老人の家もあった。「また地球に戻って来たのか…」そう思った。しかし，この星はとんでもない星であった。この星に住んでから1年経ったある日，老人は鏡を見て驚いた。シワがかなり減っているからだ。「どういうことだ…」老人は驚いた。また，さらに3年経つと，老人は元気になっていた。「これはどうしたのだ？」そして，ずっと家にいた老人は外に出てみた。そしたら〇*ではないか。そして，老人は近くの若者に聞いてみた。「僕はもうすぐ死ぬんだ…」「なぜ分かる。人生はまだまだだろ」「あなたは生まれたばかりではないですか」（どういうことだ？）老人は思った。そして話すととんでもないことが分かった。なんとこの星では生まれた時の歳からどんどん若くなっていって赤ちゃんの時にみんな死ぬというのだ。だから最初から自分の寿命が分かる星なのだ。この若者は青年の時に生まれた。だから後もう少しの命だそうだ。

ある時，少年が青年に言いました。「僕は一度でいいからりんごを食べたい」と。そして青年と一緒に少年はりんごの木が生えている野原へと向かいました。しかし，りんごは実っていませんでした。その少年には悲しみしかありませんでした。それを見た青年はその木に実を実らせるために精一杯の努力をしました。そして1年，2年と経ち，ようやく3年後にたくさんのりんごが実りました。少年はその場で食べ，青年にとても感謝しました。それから長い年月が経ち，少年は壮年に，青年は中年になっていました。壮年は昔，中年に喜びをもらったように，自分も喜びをあげるのだとたくさんのりんごを生産し，子どもたちに喜びを与えた。

*判読できず

第5章　創作指導における生徒の物語改作過程の事例分析　　157

表5.5　虚構の要素が含まれるかの分析例

虚構の要素なし	虚構の要素あり
【事例1】2年1組女子	【事例2】2年3組男子

ある村に一人の少年がいました。少年の家の前には1本のりんごの木が生えていました。20年経ち，少年は立派な青年になりました。ところが，台風がやってきてりんごの実は全て落ちてしまいました。それからまた20年経ち，少年は壮年になりました。ところが，もっと大きな台風がやってきて，りんごの木の枝葉は飛ばされてしまいました。それからまた20年経ち，少年は中年になりました。ところが，もっともっと大きな台風がやってきて，りんごの木の幹は倒れてしまいました。それからまた20年経ち，少年は老人になりました。もっともっと大きな台風がきました。りんごの実も，枝葉も幹もなくなってしまったりんごの木の根元には，緑色の，新しいりんごの木の芽が生えていました。	とある小さな町の小さな公園に大きな大きなりんごの木が植えられました。その木は，その町のどの建物よりも大きく，町のシンボルとなっていました。そんなある日，ある一人の少年が，この木にやってきました。「うわー大きな木，もっともっと大きくなっていってよ。よその国まで見えるくらい高くなってね。」するとどうでしょう。りんごの木は，みるみる大きくなって，空にまで届くくらい大きくなりました。少年は喜び，木に登ったりして遊びました。それからしばらく経った後，青年が友達を連れてこの木までやってきました。そして，りんごの木を見て言いました。「りんごの木なのに！一つもりんごがなっていないじゃないか。つまんないな。」するとどうでしょう。空高くまでそびえている木から，突然，りんごが降ってきました。そして，それはいつまでもいつまでも降っていきます。青年は「やった！たくさんのりんごが食べられるぞ！」そして青年たちはりんごをたらふく食べた後，すたすた帰っていきました。そして，「天までそびえる木，りんごが降ってくる木」としてまたたくまにうわさが広まっていきました。

表5.6　創作文における語り手の分析例

語り手が男	語り手が登場人物以外（心情描写あり）
【事例1】2年1組女子	【事例2】2年3組女子

あれは今からどれくらい前のことだろうか。この木がまだ真っ赤な実をたくさんつけていた頃の話だ。(改行)【語り手の位置は男】<u>僕はこの木と共に成長した。</u>嬉しいことがあった日はこの木に登って口笛を吹いた。葉もざわざわと笑っていた。悲しいことがあった日は，この木にすがりついて泣いた。登って，ちょうどあの9番目の枝に座って泣くこともあった。枝たちは僕の背中を撫でてくれた。たまに，大きな赤いりんごの実がポーンと僕を軽く叩いた。僕は笑った。この木も真っ赤になっていて笑った。やがて，木の赤みはとれ，かわりに白く化粧した。さみしそうな木に僕が小さなうさぎを置いてやるとやはり嬉しそうだった。この木の4分の1くらいの

ある少年の家には庭にりんごの木がありました。枝にはたくさんのりんごがついていましたが，少年は木登りもできず，小さかったので，なかなかりんごの実はとれませんでした。熟れて落ちた実は傷ついたりして，【心情描写】<u>少年は食べたくなかったのです。</u>しかし，少年は考えました。「僕も大きくなったら，りんごの実をとって食べられるだろう」。そのようにして少年は自分の背が伸びて，【心情描写】<u>実がとれるのを楽しみにしていました。</u>少年は青年，壮年になるにつれ，どんどん背が伸びました。しかし，りんごの木もどんどん伸びて，登ってもとれるような高さではありません。【心情描写】<u>しかし，少年，いや，もはや壮年となった男はあきらめませんでした。</u>「いつか，この木のりんごを食べられるように，もっと大きくなるぞ」。しかし，中年になった男は背が縮む一方でした。木になるりんごを食べる…という夢は叶いそうにありません…とある時，中年は自分と木の高さが近づいていることに気がついたのです。それは，りんごの木も年老いて，幹が曲がり縮んできたからでした。ついに，りんごの木は倒れてしまいました。老人となった男は，ついに，自分の手でりんごを取る…という夢が実現しなかったのです。しかし，【心情描写】<u>老人は，自分と共に成長し，老いていったりんごの木が大好きでした。</u>老人は倒れた幹から枝を1本折り，その幹の隣に植えました。

語り手が登場人物以外（心情描写なし）
【事例3】 2年3組男子
【語り手は登場人物以外】ある青年が家の近くの1本のりんごの木を見ていた。その後，青年は年を重ねて一人暮らしを始めた。数十年後，壮年となった。その男は実家に戻って，そのりんごの木を見た。しかし，その木にはりんごはなく，りんごがなくなった木があった。そして，そのまた数十年後，中年となった男性がみたのは枝葉がなくなった木だった。そして老人となった男性は幹がなくなったそのりんごの木を見た。そして言った。「あっ時が経つのは早い」と。

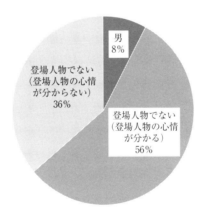

図5.6　創作文における語り手の位置づけ

5.3.2　【分析2】本章で構想した授業で，生徒はどんな学習をしたか

5.2.2で述べたように，2年1組では，第3時の物語文法の指導において，事前の計画と異なるかたちで授業を展開した。この授業で中心的な役割を果たした青木さんを対象に，彼女がどう物語を作り直したか，教室談話と授業

160

後のインタビューを含めて分析する。後述するように，青木さんの学習過程
は，他の生徒と共通する部分と，彼女固有の部分がある。彼女の学習過程を
分析することで，本章で構想した授業の意義と課題を明らかにできると判断
した。

5.3.2.1　青木さんの物語の作り直し

　青木さんがどう物語を作り直したかを把握するため，第1時終了後，第2
時終了後，最終的に彼女が提出した創作文を対象に，5.3.1と同じ4観点から
分析した。その結果，青木さんは第2時終了時点では第1時に書いた物語を
修正せず，最終的に提出された創作文では最初から作り直したことが分かっ
た。

　第2時終了後の創作文と最終的に提出された創作文の変化を図5.7に示
す。大きな変更点は①語り手を3人称から1人称に変更した，②「設定」
に該当する文を削除した，以上2点だった。①について，作り直す前の物語

【第2時終了時】

ある小さな町に，一人の年老いた
老人が住んでいた。妻も息子もな
く唯一彼が持っているものと言え
ば，古ぼけた家と庭にあるりんごの
木だった（②）。ある日，一人の少
年が老人の庭にしのびこんだ
（①）。腹ぺこだった少年はりんご
の木があるのを見てその実をもごう
とした。少年はその小さな体で木
に登り，りんごに手をのばした。そ
の時，「それはまだ熟れておらん
よ。坊や」少年に気付いた老人は
窓をあけてそう言った。（後略）

【最終版】

あれは家族だろうか（①&②）。父
親らしきは壮年の人物が少年の手
をひいている。その隣には青年も
いた。彼らは何も言わずに，ただ
私を見上げていた。
「……立派な木だ。」父親がぽつり
と呟いた。私の大きさだろうか，
高さだろうか，枝についているた
くさんのりんごだろうか。彼等は
圧倒されたようだ。私は誇りを
持ってここにいる……それをわ
かってくれる者がいた事がただ嬉
しかった。（後略）

図5.7　青木さんにおける物語の作り直し

は語り手を登場人物以外の3人称で書いたのに対し，作り直した物語は登場人物の一人「木」を語り手とする1人称で書いた。②について，作り直す前の物語は，「設定」に該当する「ある小さな町に，一人の年老いた老人が住んでいた。妻も息子もなく唯一彼が持っているものと言えば，古ぼけた家と庭にあるりんごの木だった」があったのに対し，作り直した物語は，いきなり登場人物「木」の発話から始まった。

5.3.2.2　青木さんの学習の意義づけ

　青木さんの物語の作り直しは，どんな学習として意義づけられるか。前述の①語り手の変更，②「設定」に該当する文の削除，以上2点に即して検討する。

5.3.2.2.1　語り手の変更による物語への関わり方の変化

　物語の語り手を登場人物以外から登場人物の一人「木」に変更したことは，青木さんの物語に対する関わり方の変化の表れと言える。ここには，「物語の出来事の全局を視野に収めて物語に描かれたことを対象化し，物語を判断・評価していく」（山元・住田，1996, p.60）観察者的スタンスから，「物語中の出来事に参入して，その出来事を直接目撃しているかのように述べる」（同）参加者的スタンスへの変化がみられる。単に，観察者的スタンスから参加者的スタンスへと変われば良いわけではない[11]。しかし，青木さんの語り手の変更と，それに伴う観察者的スタンスから参加者的スタンスへの変化は「物語内の出来事に対して情動的な関わりや個人的な関わりを持てた」と解釈できる。この解釈は，当初ほぼなかった登場人物の内面描写が，最終版では詳細になったことによる（図5.8）。【第2時終了後】の物語では，庭にあるりんごの木からりんごを盗まれそうになった老人は，「大丈夫じゃよ，坊や」と許しを与えると同時に，「盗みは決してやってはいけない」と規範を述べるだけだった。盗まれたことに対する老人の思いは書かれてな

162

【第2時終了時】	【最終版】
（前略）「ごめんなさい……でも，僕，お腹がすいていたんだ！だからりんごを食べようとして……それで……」口ごもる少年に，老人は優しく言った。「大丈夫じゃよ，坊や。そうやって失敗して人間は成長していくんじゃ。でも，**盗みは決してやってはいけないことじゃ**……そうだ！　お前さんにこのりんごの種をやろう！」老人はなっていた実を一つもいで，その中の種を少年に渡した。「……ありがとう」少年は不思議そうな目で老人を見た後，種をしっかりと握りしめて去っていった。	（前略）「……これは金になりそうだ」それから彼は私の枝はを切り倒した。**それだけでは飽き足らず，幹さえをも持っていった。木枯らしが吹く中**，私は考えた。何かが彼を変えてしまったのだろうか。昔は私を敬意をもって見ていたのに，**今の彼は……あの二人の息子をやしなうために，どうしても金が必要だったのだろうか**。だから私の体を木材にして金に換えたのだろうか……**冷たい風が**，もうわずかしかない私の身体をつき刺す。私にはもう何も残されていない。大きな幹も，立派な枝も，たくさんのりんごもあの男に切り取られてしまった。**残されたのは，虚しい誇りと男への疑問だ。不思議と怒りは感じない**。いつかまた，あの男はここに来るだろう……そんな気がしたから。彼が老人になった時，この私に何か語ってくれるだろうか？　どんな言葉を呟くのか？　その探究心を彼は私にくれたのだから……

図5.8　「盗み」に対する登場人物の気持ちなど，内面描写の変化

い。【最終版】では，盗まれた側である木の様々な思いが，「今の彼は…あの二人の息子を養うために，どうしても金が必要あったのだろうか」や，「残されたのは，虚しい誇りと男への疑問だ。不思議と怒りは感じない」などと書かれた。「木枯らしが吹く中」や「冷たい風」など，情景描写による木の心情描写も新たに加わった。

5.3.2.2.2　物語の構造に対する意識の深まり

　なぜ，青木さんは物語文法で説明可能な【第2時終了後】の物語を，第3時の物語文法の学習を終えた後，物語文法で説明できない物語に作り直したのか。

第5章　創作指導における生徒の物語改作過程の事例分析　　163

　その理由は，第3時の教室談話と授業後のインタビューから判断できる。5.2.2で述べたように，青木さんは「設定」の位置づけをめぐり他の生徒と対立した。この対立を通して，青木さんは「設定」が「作者があらかじめ考えておくこと」であるという考えを明確にしたと考えられる。なぜなら，授業後のインタビューでは，「『海賊王に俺はなる』とかで始ま」るような「目標が設定に入る場合もあ」ると指摘し，教師が提示した物語文法では説明できない物語の構造を具体的な作品を挙げて述べたからである[12]。

　これらの点に鑑みると，青木さんは，物語文法の学習において自己の既有知識や経験にもとづいて物語文法を批判的に検討し，物語の構造に対する意識を深めたと考えられる。こう考えると，青木さんがあえて「設定」を削除した事実を，単に物語文法を受け入れるか受け入れないかという問題を超えた，「物語の構造に対する意識の深まり」として評価できる。

5.3.2.3　全体的な傾向からみた青木さんの物語の作り直し

　青木さんにみられた物語の作り直しの特徴（語り手の変更と詳細な内面描写，設定の削除）は，他の生徒にもみられたのか。

　授業の経過に伴って語り手を変更したか否かの結果を表5.7に示す。χ^2検定の結果，授業の経過に伴って語り手を変更した生徒数の偏りは有意でなかった（$\chi^2（1）= 0.4$ n.s.）。授業の経過に関わらず，語り手を変更しない生徒が大半だったと言える。

　授業の経過に伴って登場人物の内面描写を行う生徒の数がどう推移したか表5.8に示す。χ^2検定の結果，授業の経過に伴って内面描写の変更があった生徒数の偏りは有意だった（$\chi^2（2）= 12.9$ $p<.05$）。残差分析の結果，第1時に内面描写を行っていない生徒が多く，第3時に内面描写を行った生徒が多いことが分かった。

　授業の経過に伴い設定を変更したか否かの結果を表5.9に示す。χ^2検定の結果，授業の経過に伴って設定を変更した生徒数の偏りは有意だった（χ^2

表5.7　授業の経過に伴う語り手の変更の有無

	語り手の変更無	語り手の変更有	合計
第1時→第2時	59　(93.7%)	4　(6.3%)	63　(100%)
第2時→第3時	56　(88.9%)	7　(11.1%)	63　(100%)
合計	115　(91.3%)	11　(8.7%)	126　(100%)

* 数字は人数，括弧内は比率を示す。

表5.8　授業の経過に伴う内面描写の有無[13]

	内面描写無	内面描写有	合計
第1時	23　(36.5%)* ▲ **	40　(63.5%)　▽	63　(100%)
第2時	17　(27.0%)	46　(73.0%)	63　(100%)
第3時	6　(9.5%)　▽	57　(90.5%)　▲	63　(100%)
合計	46　(24.3%)	143　(75.7%)	189　(100%)

* 数字は人数，括弧内は比率を示す。
** 記号は残差分析の結果を示す
　（▲有意に多い，▽有意に少ない，$p < .05$）

表5.9　授業の経過に伴う「設定」の変更の有無

	設定の変更無	設定の変更有	合計
第1時→第2時	59　(93.7%)* ▲ **	4　(6.3%)　▽	63　(100%)
第2時→第3時	51　(81.0%)　▽	12　(19.0%)　▲	63　(100%)
合計	110　(87.3%)	16　(12.7%)	126　(100%)

* 数字は人数，括弧内は比率を示す。
** 記号は残差分析の結果を示す。
　（▲有意に多い，▽有意に少ない，$p < .05$）

（1）= 3.5 $p < .05$）。残差分析の結果，第2時に第1時に作成した物語の設定に
変更を加えた生徒が少なく，最終的に提出した創作文で設定に変更を加えた
生徒が多いことが分かった。ただし，設定に変更を加えた生徒12名中8名
は，それまでなかった設定に当たる文を書き加えた生徒だった。つまり，第

第5章　創作指導における生徒の物語改作過程の事例分析　165

3時の物語文法の学習を経た後，設定に当たる文を削除した生徒はごく少数だったと言える。

5.3.2.4　第3時における教室談話の発話数と発話機能の分析

　なぜ青木さんに固有の学びが成立したのかを検討するために，物語を作り直す前の授業の発話数と発話機能の分析を行う。

　青木さんは，第2時で他の生徒が作った物語や原作「おおきな木」の読み聞かせには影響されず，第3時の物語文法の指導に影響された可能性が高い。5.3.2.1で述べたように，【第2時終了後】では第1時に書いた物語に修正を加えず，【最終版】では最初から物語を作り直したからである。

　第3時の教室談話を発話数の観点から分析した結果，全発話数302の中，青木さんの発話数は38（12.6%）と，最も発話数が多かった伊藤さんの49（16.2%）に次いで多かった。続いて発話数の多かった佐々木くんと木本くんの発話数はともに8（2.7%）だった[14]。なお，教師の発話数は179（59.3%）だった。

　この第3時の授業において，青木さんがどんな発話をしたかを調べるため教室談話の発話機能の分析を行った。分析に当たって，Szatorawski（1993, pp.67-71）の発話機能の定義と種類を参考にした。

　教師を基準として，上位7項目の発話機能のカウント数を表5.10に示す。青木さんは，他の生徒に比べて「情報要求」の発話機能に分類される発話が多いことが分かる[15]。発話数は最も多いが「情報要求」のない伊藤さんは，第3時終了後も物語に大きな変更を加えなかった[16]。青木さんが物語を最初から作り直した原因は，「情報要求」に求められるのではないか。例えば，Wertsch（1998, pp.128-129/2002, pp.142-143）は，Palincsar & Brown（1984）を挙げて，教室での学習において生徒は教師の質問に答えるだけでなく自ら質問することが大切だと指摘した。

　そこで，青木さんの「情報要求」に分類された発話を検討する。青木さん

表5.10　第3時（物語文法の学習）の教室談話の発話機能上位7項目（話者別）

	情報提供	注目表示（継続）	情報要求	注目表示（承認）	単独行為要求	注目表示（確認）	同意要求	合計
教師	51 (19.2%)	35 (13.2%)	21 (7.9%)	17 (6.4%)	15 (5.7%)	14 (5.3%)	13 (4.9%)	166 (62.5%)
伊藤さん	33 (12.5%)	0	0	1 (0.4%)	0	1 (0.4%)	0	35 (13.2%)
青木さん	23 (8.7%)	0	11 (4.2%)	0	0	0	0	34 (12.8%)
佐々木くん	9 (3.3%)	0	0	0	0	0	0	9 (3.4%)
木本くん	7 (2.6%)	0	0	1 (0.4%)	0	0	0	8 (3%)
他の生徒	10 (3.8%)	0	2 (5.9%)	0	0	0	1 (0.4%)	13 (4.9%)
合計	133 (50.1%)	35 (13.2%)	34 (12.8%)	19 (7.2%)	15 (5.7%)	15 (5.7%)	14 (5.3%)	265 (100%)*

* 上位7項目の発話数のため，全発話数と一致しない。

は，授業者による「設定」の定義に納得できなかったため，「設定」に関する情報要求を行った（表5.11）。発話番号196で，青木さんは「設定」の定義を教師に質問した。197で，教師は「設定」の定義を説明した。続く198から203で，青木さんは「設定」が「物語の中での話」なのか，「作者が考えること」なのかを質問した。ここでは青木さんの考えは，教師や伊藤さんに理解されなかった。

　納得できない青木さんは，その後，再び教師に対して同じ質問を繰り返した（表5.12）。発話番号236と238で，「設定」が物語を作る段階での構造のことなのか，物語内での構造のことなのか質問した。ここで教師に質問内容が理解され，「物語を作る時の構造」という答えを得た。それを受け，青木さんは発話番号240〜246で，「設定」に対する教師と自分の考えの違いを述べた。

　以上のように，青木さんは，第3時の物語文法の授業において，教師が提示する用語の定義を無批判に受け入れなかった。教師に対して「設定」とい

第 5 章 創作指導における生徒の物語改作過程の事例分析 167

表5.11 青木さんと伊藤さんが「設定」を起承転結に含めるかどうかで対立する場面

番号	発話者	発話内容	発話機能
196	青木さん	設定ってなにを指してるんですか?	情報要求
197	教師	登場人物と一場所と一時	情報提供
198	青木さん	それは一	情報要求
199	教師	どういう物語かっていうのをまぁ最初に示す必要があるんですね	情報提供
200	伊藤さん	起で良いんじゃない?	情報提供
201	青木さん	それは一物語の中での話ですか?	情報要求
202	教師	いや (.)* どういう物語なのかっていう設定を最初にする必要がありますよね?	同意要求
203	青木さん	それは作者が一考えるっていうことなのか一それともこれは物語を作る段階での構造なのか物語の中での構造なのか一っていう	情報要求
204	伊藤さん	(笑い) 何言っているのか分からない(3)**	意思表示
205	伊藤さん	あの一起承転結の起は一設定があるうえで一起こることだから一	情報提供
206	教師	ここが起ってことですよね?	確認の注目表示
207	伊藤さん	うん	同意の注目表示
208	伊藤さん	だから別に一設定も起に含まれ (.) るんじゃないかと思うので一	談話表示(順接型)+情報提供
209	青木さん	それはないと思う	否定の注目表示
210	伊藤さん	ある	否定の注目表示

(タイムスパン27:58〜28:44)
*0.2秒に満たない短い間合いを示す。
** 3秒間,音声が途絶えていることを示す。

表5.12 青木さんが,「設定」に対する教師と自分の考えの違いを述べる場面

番号	発話者	発話内容	発話機能
236	青木さん	いやもうだから—XXX* 設定って言うのは—要するに先生が言いたいのは—その物語を作る段階でのこういう構造のことを—言っているのか—	情報要求
237	教師	あっ	自己注目表示
238	青木さん	物語内での構造を言っているのかということです	情報要求
239	教師	あっ物語を作る時の構造のことについて話していて—この—定義とこれだけではぐ抽象的過ぎて分からないので—その具体例として今これを取り上げて説明している (.) という状況だったんですね	情報提供
240	青木さん	で—それだったら—私は設定っていうものがあることには賛成なんですけど—その設定って多分意味合いが違っていて—	情報提供
241	教師	はい	継続の注目表示
242	青木さん	設定って—作者とか編集者とか—いうのが—何人かで—こういう人物がいて—こういう場所があって—ってその紹介するんじゃなくて自分たちで構成して—こういう能力があってとか—	情報提供
243	教師	あー—はいはい	継続の注目表示
244	青木さん	なんかそういう全てを考えたうえで—最初に書き出し	情報提供
245	教師	はいはい	継続の注目表示
246	青木さん	っていう設定を作って—起承転結ってなっていく	情報提供
247	教師	あー—なるほど	承認の注目表示

(タイムスパン32:02〜31:11)
* 発話内容が聞き取れなかったことを示す。

う物語文法の用語について質問しながら, 最終的に自分が考える物語文法と授業で提示されたそれとの違いを自ら言語化できたと言える。

5.4 考察

本章では, 生徒が物語を創作した後に文学的文章を読むという授業が中学2年生を対象に実践できることを示し, その授業で生徒がどう学習したかを記述した。

本章で行った実践において, 生徒は文学的文章を読まず, 物語創作の技法

第5章　創作指導における生徒の物語改作過程の事例分析　169

も教示されない段階で、「突然、物語を書く課題を与え」（塚田，2009，p.9）られても、物語全体を統括する主題を持ち、脈絡のある物語を書くことができた（5.3.1）。0.3.4で検討したように、子どもは、2歳ごろから既に物語を話す様式を身につけ始めるため、中学2年生という学齢を対象にした本調査では、ほぼ全ての生徒がApplebee（1978）の言う「物語」概念（0.3.4，図0.10）を獲得していたと考えられる。内田（1994, p.131）も構造面では、4歳児や5歳児の子どもが大学生とそん色ない物語を話すことを指摘している。第4章や先行実践のように、文学的文章を読んだ後に物語を創作するのではなく、物語を創作した後に文学的文章を読むという実践は十分に可能なのである。

　中学2年生が物語の構造に関する知識を十分に持っているがゆえの実践上の困難もあった。本章の授業では、スキーマ理論を根拠に生徒が持つ物語の形式に関する知識を洗練させることを学習目標とした（5.2.1）。具体的には、第3時に、物語スキーマを具体的に記述した「物語文法」の学習を行った。この時、5.2.2で述べたように、教師が提示した物語文法について生徒から疑問が出され、より整合性のある物語文法を考える話し合いが行われたため、事前の計画とは異なる形で授業が展開した。個々人の知識構造である物語スキーマについて、「ThorndykeやMandler & Johnsonにみられるような普遍的な‘物語シェマ’というべきものが本当に存在しうるものであろうか」（丸野・高木，1979，p.70）という疑問は早くから出されていた。本章の実践において、教師による物語文法の教示が上手くいかなかった理由は、佐々木くんが「起承転結」という用語で物語構造を説明し直したり、青木さんが「『海賊王に俺はなる』とかで始まるような目標が設定に入る場合もある」（5.3.2.2.2）と教師が提示した物語文法で説明できない物語があることを指摘したりした事実から分かるように、生徒全員が納得できる「物語文法」を提示することが困難なためだと考えられる。今後、スキーマ理論を背景に創作指導を行っていくためには、生徒にどう物語文法を提示し、学習させるかという点が検討されなければならない（6.1で詳述）。

一方，物語の語り手に着目すれば，第1時の物語創作において多くの生徒が語り手を登場人物以外とする3人称視点で物語を創作し（5.3.1，図5.6），その後，青木さんも含めて，第2時で7人，第3時で11人と語り手を登場人物とする1人称視点で物語を創作する生徒が微増した。5.3.2.2.1で述べたように，山元・住田（1996）は，これとほぼ同様の概念と考えられる「参加者的スタンス」と「観察者的スタンス」を用いて小学2年生から6年生の読者反応を分析し，学齢の上昇につれて参加者的スタンスから観察者的スタンスへと推移することを明らかにした。この知見を物語創作における語り手の問題に重ねれば，本章において3人称で物語を創作する生徒が多かった点は，観察者スタンスが優勢であろう中学2年生という学齢を対象にしたからだと解釈できる。しかし，筆者の実感としては，むしろ1人称で創作した生徒の方が物語の質は高かった。5.3.2では，青木さんが3人称から1人称の物語に書きなおす過程で物語の質が深まったことを指摘した。これらの事実は，山元・住田（1996）以後の成果をまとめた，山元（2005）において，参加者的スタンスから観察者的スタンスに移行するのではなく，両方のスタンスが並行関係にある「読みのスタンスの発達のスパイラル」が主張された点と関係するように思われる。つまり，中学2年生という学齢は，観察者的スタンスが優勢であり，それが3人称で物語を創作するという傾向にも現れるが，あえて観察者的スタンスから離れ，参加者的スタンスに立って物語を1人称で創作した結果，より質の高い物語創作ができたと考えられる。なぜなら，1人称で物語を創作した生徒の方が3人称で物語を創作した生徒よりも物語の質が高かったことに見られるように，彼／彼女らが3人称で物語を創作できないとは考えられないからである。ただし，実態としては，物語を作り直す過程で語り手を変更した生徒は少なかったため（5.3.2.3），実践上の課題として，物語に対するスタンスや語り手の問題を生徒が考えられる手立てが必要である。

最後に，内容面に着目すれば，第1時では，虚構の要素がある物語を創作

した生徒が63名中13名と少なかったのに対して（5.3.1，表5.5），第２時で29人，第３時で35人と増えていった。４か国，７歳から17歳まで合計1981人の「おおきな木」に対する読者反応を分析した，守屋（1994, p.17）は，「ファンタジーの世界に住むことがそろそろ難しくなっていながら，さりとて，それを眺めることはまだできない」ため，中学２年生がファンタジーの世界を最も受け入れにくい年齢だと指摘した。本実践では中学２年生を対象にしたにも関わらず，虚構の要素がある物語を創作した生徒が増えていった事実は，ファンタジーの世界に読者の立場からでなく作者の立場から関わることで，比較的生徒にとって抵抗なくファンタジーの世界に関われていたことが示唆される。

　以上，本章では，生徒が物語を創作した後，文学的文章を読むという手順で授業を行うことが可能であることを示した。加えて，実践した授業の学習過程の分析より⑴生徒にどう物語文法を提示し，学習させるか，⑵物語に対するスタンスや語り手の問題を生徒が考えられる手立て，以上２点の創作指導における実践上の課題を特定した。

【第５章　注】

１）　塚田（2009）は，授業の構想のみで実践による検証は行っていない。

２）　創作指導の実践報告を調べるために，全国大学国語教育学会（編）（2002, 2013）における「書くことの学習指導に関する研究の成果と展望」，「読むことの学習指導に関する研究の成果と展望」を参照した。その結果，「物語の創作指導」（2013, p.117）が「書くこと（作文）の学習指導に関する研究の成果と展望」でレビューされていたため，ここに取り上げられていた文献を検討した。

３）　代表的な著作として，過程を重視する作文や読書のワークショップの実践報告を行った Atwell（1998）を参照。

４）　筆者が担当した国語科の授業の年間カリキュラムは以下の通りだった。
　　　４月：スピーチ（１時間）
　　　４月～５月：詩「おたまじゃくしたち四五匹」（草野心平）（４時間）
　　　５月～６月：説明的文章「若者が文化を創造する」（河合雅雄）（４時間）

6月：前期中間考査解説（1時間）

6月～7月：物語創作（3時間）

9月：小説「サーカスの馬」（安岡章太郎）（3時間）

10月：前期期末考査解説（2時間）

10月：古典解説文「言葉の力」（2時間）

11月：軍記物語「平家物語」（4時間）

12月：後期中間考査解説（1時間）

12月：随筆「徒然草」（2時間）

1月～3月：説話『竹取物語　ビギナーズ・クラシックス　日本の古典』角川ソフィア文庫（6時間）

3月：後期期末考査解説（1時間）

　　勤務校の要請による後期最後の単元「竹取物語」を除き，同学年が用いた検定教科書『中学校　国語2』（学校図書）を用いた。物語創作単元も同教科書掲載の「絵をもとに物語を作ろう」（pp.90-94）の代替として行った。そのため，この実践は前期期末考査で試験した。出題は，⑴物語を書く時に工夫すべき内容に関する問題，⑵他の生徒が書いた物語を評価することに関する問題，⑶ある生徒が物語を作り直した理由に関する問題，以上3問（30点中15点の配点）だった。

5）第1章，第2章と同じ学校での調査だったため，研究倫理委員会には，計画変更の申請を行い，平成24年5月1日付けで承認を得た（課題番号　計画変更23-145）。当然，学校長，インタビューを行う生徒，その保護者に対しては，第1章と第2章の調査とは別に調査内容に関する説明を行い，承諾（承諾書への捺印）を得た。

　　課題名：国語科における文学教材の〈読み〉の「発達」および「個性」に関する調査研究

6）「おおきな木」の挿絵をもとに筆者が作成した。

7）第2時と第3時に修正や書き直しを行う時，必要に応じて同じワークシートを配布した。

8）授業後のインタビューを受けることを希望した生徒の中で，同学年の国語科の教諭が推薦した生徒の一人だった。全体として高い学力を持つＴ国立大学附属中学校の中でも授業中の発言の頻度とその内容，試験での成績から判断してとくに学力が高い生徒だった。

9）個々の命名された主題が二つ以上のカテゴリーに該当する場合，その創作文の

重要な要素は何かという観点から解釈し，一つのカテゴリーに分類した。例えば，表5.4の【事例2】に示す木と男が遊ぶ（「交流」する）という創作文は，「真っ赤なりんごをぽとぽと落と」すというファンタジーの要素を含むが，木と交流すること自体が物語の重要な要素と解釈し，「交流」に分類した。

10) 性別による人数の偏りは，男を語り手にして物語を創作した生徒が全て女子生徒だったため，男を語り手とした生徒を登場人物でない（心情が分かる）に含めて検定した。男を語り手とした生徒が全て男子生徒だった場合，女子生徒は登場人物が男であるために感情移入しにくかったと，教材を見直す必要があるかもしれない。しかし，男を語り手とした生徒は全て女子生徒だった。筆者の印象では，創作文の上手さは，語り手が男→登場人物でない（登場人物の心情が分かる）→登場人物ではない（登場人物の心情が分からない）という順だった。事実，【分析2】で示すように，授業の経過に伴い，登場人物の男や木を語り手とした生徒が増加した。つまり，登場人物を男とした生徒が全て女子生徒だった理由は，統計学的な差はないものの，女子生徒の方が最初からそれなりに上手い創作文を書く傾向にあったためだと思われる。

11) 山元（2005）は，「参加」から「見物」へという発達の軸が存在するのではなく，両方のスタンスが並行関係にある「読みのスタンスの発達のスパイラル」があると主張した。

12) 「『海賊王に俺はなる』とかで始ま」るような作品とは，「ONE PIECE」（尾田，1977）を念頭に発言したと考えられる。

13) ここでは，1人称の語り手で物語を書いた生徒について，内面描写有の生徒としてカウントした。

14) 発話数は，細間（1993）を参考にして，①統語的な切れ目（たとえば文末），②一定間隔以上の沈黙があった場合，③話者が交替した時点で区切り，カウントした。

15) 3組の教室談話についても同様の分析を行ったが，青木さんのように「情報要求」の機能を持つ発話が多い生徒は見当たらなかった。

16) 伊藤さんは，3人称視点で登場人物の内面が分かる描き方を，最初から最後まで一貫して行った。

終　章

本研究の成果と課題

6.1 本研究の成果

　本研究では，教室の読書を「生徒が文章を読んだ後，教師やクラスメイトと意味交渉し，それを生かして新たな文章を書くことで，一人ひとりが自分なりに意味を作りだす行為」と捉え (0.2)，その過程における支援のあり方を明らかにすることを目的とした。

　第1章では，筆者自身が行った「サーカスの馬」(安岡章太郎) を読む授業の事例分析を行い，意味交渉場面 (クラス全体の話し合い) と新たな文章 (感想文) を書く場面の両方において教師が重要な役割を担うことを示した。意味交渉場面における教室談話の分析により，当時，教師としての筆者は，従来の「解釈や型通りの反応を教える」タイプの教師から離れるために生徒の読みを評価する役割を他の生徒に委ねていたと考えられるが，それだけでは一人ひとりが自分なりの意味を作りだすことに繋がる意味交渉にならないことが分かった (1.3.1)。また，意味交渉された内容と感想文の関係を分析した結果，意味交渉された内容を生かして新たな文章を書くことの難しさも示唆された (1.3.2)。以上より，第1章では，「生徒の読者反応を支援する教師の役割はどのようなものか」，「『読み書きが苦手』な生徒が意味交渉を生かして，新たな文章を書く過程をどう支援すれば良いか」という調査課題を特定した。

　第2章では，第1章で特定した二つの調査課題のうち「生徒の読者反応を支援する教師の役割はどのようなものか」に取り組んだ。「生徒一人ひとりが作りだす意味を大切にする」授業を継続して実践してきた教師による全19時間の授業を観察した結果，生徒の読者反応を支援する教師の役割には，*(1)文学を読む集団として教室全体を調整する役割，(2)生徒が反応を生み出せるようにする役割，(3)生徒が反応し続けることを励ます役割，(4)生徒の反応を広げたり深めたりする役割，(5)一読者として自分の反応を示す役割，以上五*

つの役割が含まれることを明らかにした（2.3.1，表2.4）。こうした役割は，生徒の活動場面に応じた固有性を持つ一方（2.3.2），生徒とのやり取りの中でダイナミックに変化する側面を持つことが示された（2.3.1）。

　第3章では，第1章で特定した二つの調査課題のうち「『読み書きが苦手』な生徒が意味交渉を生かして，新たな文章を書く過程をどう支援すれば良いか」に取り組んだ。「生徒一人ひとりが作りだす意味を大切にする」という理念を筆者と共有し，また，小グループでの話し合いを重視する実践を継続してきた教師による全11時間の授業を，「読み書きが苦手」と教師から認識されている生徒を中心に観察した。その結果，たとえ「読み書きが苦手」と教師から認識されている生徒でも，適切な支援があれば読みを深めて自分なりに意味を作りだせることを示した（3.3.1）。その意味形成過程がどう支援されたかを分析し，⒜情緒面に関する支援，⒝形式面に関する支援，⒞内容面に関する支援，以上三つのカテゴリーに大別できる全13種の支援内容を明らかにした（3.3.3，表3.8，図3.13）。

　以上，第1章から第3章の調査で得た知見に基づき，教師の役割を中心とした教室の読書における支援のあり方について，調査の枠組みとした Ruddell & Unrau（2004）に即して（0.2，図0.6），総合的に考察する（図6.1）。まず，第1章で明らかにしたように，⑴教師が多様な役割を演じることができず，⑵「読み書きが苦手」な生徒に対する適切な支援がなければ，「教師やクラスメイトと意味交渉し，それを生かして新たな文章を書く」という教室の読書行為が成立しない可能性が高いと言える。この意味交渉過程における教師の役割の多様性は，第2章で明らかにしたように，五つに大別できるが，それは固定された五つの役割として独立するのではなく，生徒とのやり取りの中でダイナミックに変化する性質を持つ。具体的には，生徒の読みを深めるために，他の生徒たちが見ている中，一人の生徒を選んで長いやり取りを行い，⑴その生徒の読みを深めるための質問やさらなる反応を要求し，⑵その反応が価値あるものだと認めることが大切だと考えられる。意味交渉

「読み書きが苦手」な生徒に対する支援内容
【第3章】

a. 情緒面に関する支援（1．課題への取り組み，2．承認・肯定）
b. 形式面に関する支援（3．感想の書き方，4．マップの作り方）
c. 内容面に関する支援（5．アイディア，6．感想の根拠，7．表記，8．語の意味，9．設定，10．登場人物，11．出来事，12．イメージ，13．主題）

小グループを中心とした学習形態にすることの意義【第3章】
生徒同士で a. 情緒面に関する支援や c. 内容面に関する支援を行うことができる。

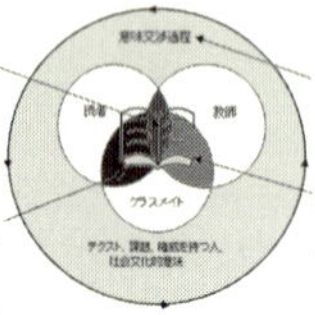

クラス全体の話し合いと個々人の感想文の関係【第1章】
(1)教師が多様な役割を演じることができず，(2)「読み書きが苦手」な生徒に適切な支援もなければ，意味交渉（クラス全体の話し合い）が個々人の感想文に十分反映されない。

教師の多様かつダイナミックに変化する生徒の読者反応を支援する役割【第2章】
1．文学を読む集団として教室全体を調整する役割
2．生徒が反応を生み出せるようにする役割
3．生徒が反応し続けることを励ます役割
4．生徒の反応を広げたり深めたりする役割
5．一読者として自分の反応を示す役割

図6.1　Ruddell & Unrau（2004）の読書モデルからみた本研究の成果

を生かして新たな文章を書く過程における支援は，第3章で明らかにしたように，三つのカテゴリーに大別できる。これら三つの中，量的には形式面に関する支援や内容面に関する支援に比べて少なかったにも関わらず（3.3.3，表3.19），情緒面に関する支援が観察対象とした生徒の発話やワークシートへの記述から（とくに3.2.1，図3.8），極めて重要だったことが分かる。言い換えれば，教室の読書において，自分が示す読者反応を認めてくれる他者の存在が大きな意味を持つということである。これは形式面に関する支援や内容面に関する支援が重要でないことを意味しない。例えば，最初に書いた感想文は，「本文を引用して」自分の感想を述べることができてないが（3.2.1，図3.3），その後，「希望は，道のような物だから自ら切りひらくものだと思った」とそれができるようになったのは（3.2.1，図3.4），教師による時宜を得た適切な形式面に関する支援があったからだと考えられる。このタイプの支援は，教師からの支援が他の生徒からの支援よりも有意に多かったことから（3.3.3，表3.9），教師が意識的に「読み書きが苦手」な生徒に対して行っていく必要があると言える。反対に，内容面に関する支援は，今回観察した教室のようにお互いに教え合うことができる関係性が作られている場合，生徒が

終章　本研究の成果と課題　179

お互いに支援し合うことが期待できる。

　Ruddell & Unrau (2004) は，教室の読書では，文章だけでなく，これまでに読んできた文章（テクスト）やどのような課題が与えられたかなど，様々なものを「読む」必要があると指摘していた (0.2)。また，「生徒の読者反応を支援する教師の役割」について，第2章で得た知見と Sipe (2008) を比較検討することを通して，教室の読書における学習課題の重要性が示唆された。以上より，「物語創作課題が生徒の読みを豊かにする効果があるか」という調査課題が新たに生じることになった。文学的文章を読んだ後，新たに書かせる文章として物語創作を選んだ根拠は，先行研究の検討により，(1)生徒の創造的な反応が読書の重要な側面であること，(2)学校で感想文を書く課題が繰り返し与えられることで生徒の画一的な反応を助長している可能性があること，以上2点によった (0.3.4, 4.1)。

　そこで第4章では，「新しいお話を作る」という学習目標のもと物語創作課題を与える授業と「〈読み〉を広げたり深めたりする」という学習目標のもと自由記述課題を与える授業をそれぞれ附属中と公立中の2校で実施し，生徒が書いた文章を分析した。その結果，「新しいお話を作る」ために文学的文章を読んで物語を書くタイプの授業の方が，生徒の記述量は多く (4.3.1)，他の生徒と異なる内容で文章を書く傾向も見られることを示し (4.3.2)，「物語創作課題が生徒の読みを豊かにする効果がある」という仮説を検証した。加えて，他の生徒と異なる内容で文章を書くことの結果として，その後の話し合いも盛り上がることが示された (4.4, 表4.5, 表4.6)。

　読書行為における「作者 - 文章 - 読者」の開かれた関係の実現に物語創作課題の意義を見出す場合 (0.3.4, 5.1)，必ずしも第4章のように文学的文章を読んだ後，物語を創作するという手順である必要はなく，物語を創作した後，文学的文章を読むという手順で授業が構想されても良い。この可能性を探るため，第5章では，生徒が物語を創作した後，文学的文章を読む授業を構想・実践した。その結果，多くの生徒は，文学的文章を読まず，物語創作

180

の技法も教示されない段階で，「突然，物語を書く課題を与え」（塚田，2009，p.9）られても，物語全体を統括する主題を持ち，脈絡のある物語を書くことができた（5.3.1）。また，授業で教示された物語文法で説明できた物語を，その後，わざわざその物語文法で説明できない物語に作り直した生徒に着目して，その学習過程を記述し，(1)物語内の出来事に対して情動的な関わりや個人的な関わりを持てた（5.3.2.2.1），(2)物語の構造に対する意識が深まった（5.3.2.2.2），と評価した。

　以上，第4章と第5章で得た知見に基づき，教室の読書における物語創作課題の意義を総合的に考察する。

　まず，物語創作課題を与えること自体が「一人ひとり異なった自分なりの意味を作りだす」という読書行為を促す支援になると考えられる。Rosenblatt（1978）やSipe（2008）が提起したように（0.2，0.3.4），本来，読書には文章を分析したり必要な情報を取り出したりする側面だけでなく，本を読むこと自体が楽しいという側面が含まれる。しかし，国語科を中心とした教室の読書は，テストや感想文に代表されるように教師による評価が伴うことが多く，自由に楽しく読む側面よりも，分析や必要な情報の取り出しという側面が強調されることになる。そのため，生徒は学年が上がるにつれて，教師の意図を忖度し，画一的な反応を生み出す読者に成長し，読書本来の楽しみが忘れ去られる危険がある。「あなたが書きたいと思っていることを書きましょう」という課題を与えても何も書かない生徒（塚田，2003）や（本を読む能力はあるにも関わらず）本を読まない大学生（平山，2008）は，こうした読み書きに伴う楽しさが忘れ去られた結果の表れと言えるだろう。他の生徒と異なる内容で文章を書くことを促し（4.3.2，図4.11），登場人物を誰にするかなど自由な「遊び」の要素が含まれる（4.4，表4.6）物語創作課題は，このような実態を改善し，読書の楽しみの側面を促す支援になると考えられる[1]。

　物語創作課題は，読書行為における「作者‐文章‐読者」の開かれた関係の実現という意義もあった（0.3.4，5.1）。この場合，第5章で示したように，

生徒が既に持つ物語スキーマやそれを具体化した「物語文法」に着目することが効果的だと考えられる。第4章の複数の「浦島太郎」を読む実践を含めてこれまでの実践では，複数の作者や文章をつなぐ根拠として，どちらかと言えば同一テーマや登場人物など物語内容に着目することが多かった（Moss, 1995；Bromley, 1996；寺田, 2002, 2012）。しかし，Dressel（1990）がミステリーという物語ジャンルに着目したように，複数の作者や文章をつなぐ根拠に物語の形式を用いることもできる。物語の形式に着目することで，生徒の物語創作には豊かなバラエティが生まれ（5.3.1，表5.4），青木さんが「ONE PIECE」（尾田, 1997）を持ち出したように全く異なる内容やジャンルの文章を結びつけることも期待できる。生徒の物語創作に多様性が生まれる利点は，第4章で述べた通り，その後の話し合いが活性化する点にある。加えて，スキーマ理論を念頭に置けば（5.2.1），文学的文章の読み書きの発達において，物語の形式に関する知識を洗練させることが物語内容の理解以上に重要だと考えられる。実際，第5章でその学習過程を記述した青木さんは，物語文法の学習を通して，文学的文章を深く読むことにもつながる学習をしていたことが示された（5.3.2）。ただし，創作指導に物語文法を学習内容として位置づけるために，5.4で述べたように，一人ひとりの生徒が異なる物語スキーマを持っている中で，どう物語文法を提示し，学習させるかという点が課題として残された。渡辺（2004, pp.18-44）は，日本の小学生がアメリカの小学生に比べて，出来事を時系列順に書く傾向が強く，因果律に基づいて文章を書く傾向が弱いことを明らかにしており，物語文法の中でとくに因果律[2]に着目させることが効果的な提示の仕方の一つとして考えられる。

　以上，本研究では，国語科を中心とした教室の読書における支援のあり方について，「教師の役割」と「物語創作課題」の2観点から追究し，生徒一人ひとりが文章から意味を作りだすためにどのような支援ができるかを述べた。

6.2 本研究の課題

　本研究は，Rosenblatt（1978）と彼女の理論を踏まえて教室の読書をモデル化した Ruddell & Unrau（2004）を調査の枠組みとしたために文学的文章を読む学習を想定して，教室の読書における支援のあり方を追究した。そのため大きく分けて次の2点に課題が残されていると考えられる。

　1点目は，読書をどう捉えるかという理論面における課題である。本研究では，Rosenblatt（1978）や Ruddell & Unrau（2004）を踏まえて，教室の読書を「生徒が文章を読んだ後，教師やクラスメイトと意味交渉し，それを生かして新たな文章を書くことで，一人ひとりが自分なりに意味を作りだす行為」と捉えて調査を行った。0.2で述べたように，読書研究において，これまで Rosenblatt（1978）や Ruddell & Unrau（2004）以外にも様々な読書理論が提案されている。「読解指導と読解支援に不可欠の要素」のタイトルで近年の読解指導研究の成果をレビューした Duke, Pearson, Strachan, & Billman（2011）は，現在，認知心理学者の間で最も評価されている読書モデルとして，Kintsch（1986, 1988, 1998, 2004）の「構築 – 統合モデル」（Construction-Integration model）を挙げた。日本でもこの構築 – 統合モデルに関する理論的検討（福田，2009）やこのモデルに基づく調査（神崎・三輪，2012）が主に心理学者の間で行われている。「テキストからの学習」としても知られる Kintsch の理論は，読者が自己の既有知識と文章の情報を統合し，新しい情報を獲得したり既有知識を変化させることに焦点が当たっている。小嶋（1996, p.183）が，「国語科で扱われる読解が『テキストの学習』，理科や社会科で行われている読解が『テキストからの学習』」と対比したように，Kintsch の理論は主として情報の獲得を目指した説明的文章の読みが想定されている。そのため，本研究で用いた文学的文章を理解する深さの尺度（3.2.3）とは異なる文章理解の深さに関する説明がなされている。当然，理論

的枠組に Kintsch の理論を用いて，説明的文章を対象にした教室の読書の支援のあり方を探る場合，本研究で得た知見とは異なる点もあると考えられる。本研究に残された第1の課題は，Kintsch の読書理論を枠組みに，説明的文章を対象に教室の読書の支援のあり方を追究し，本研究で明らかにした知見との異同を明らかにすることである。

2点目は，生徒が文章を読んだ後，新たにどういう文章を書かせるか，という指導法に関する課題である。本研究では，読み書きに伴う本来的な楽しさ（遊びや創造の側面）と「作者 – 文章 – 読者」の開かれた関係の実現という2点より物語創作を指導過程に位置づけることが効果的だと主張した。しかし，読み書きに伴う楽しさは，読むこと書くことそれ自体が楽しいというだけでなく，文章を読み，新たに書いた文章が誰かに役立つことに伴う楽しさや充実感もあると考えられる[3]。また，国語科としての読むことの学習を考える場合，文学的文章を読み，物語を創作させることのみに傾斜することはできない。社会言語学者 Cazden, C. B. のもとで博士論文を執筆した Duke（2000）は，米国の小学校1年生において1日わずか3.6分しか説明的文章に関する指導が行われていないことを明らかにした。その後，彼女は，主に小学校低学年を対象に，プロジェクト型の説明的文章の指導法の開発を行っている（Duke, 2014）。プロジェクト型の説明的文章の指導は，端的に言えば，現実世界の問題を解決するためにあるプロジェクトを設定し，そのプロジェクトの達成に向けて様々な文章を読み，新たな文章を書くという手順で行われる[4]（同，p.15）。類似する指導法は，日本でも大村（1982）の単元「新一年生に石川台中学校を紹介する」などに見出せるものの，それは必ずしも上手くいった実践とは言えなかったようである（刈谷，2010）。本研究に残された第2の課題は，生徒が文章を読んだ後，新たにどういう文章を書かせるか，Duke（2014）や大村（1982）などの先行実践に学びながら，説明的文章を対象に検討することである。

以上，本研究には説明的文章まで視野に入れた場合，上述した課題が残さ

れるが，文学的文章を対象に教室の読書における支援のあり方についてまとまった知見を得たため，今後，研究対象を説明的文章に広げていく筋道はできたと考えられる。

【終章　注】

1）　物語創作課題を読書の楽しみの側面を促す支援と捉えれば，中学から高校にかけて物語創作課題を重視する教師の数が大幅に減少することを示す調査もあるが（Applebee, 1993, p.164），むしろ学年が上がるほど，支援としての物語創作課題の効果は大きいと思われる。

2）　高木（1987）による「桃太郎」の構造分析で言えば，3-4，8-9-10のつながりである（5.2.1，表5.1）。

3）　甲斐（1994）は，石山（1937）を踏まえ，国語の学習動機が，実践的動機，観念的動機，形式的動機，以上3点にあるとした。物語創作が，その活動自体を楽しむ形式的動機に基づき，自分が書いた文章が誰かに役立つことは実践的動機に当たると考えられる。

4）　Duke（2014, pp.22-23）は，具体的な指導過程について，五つのフェイズで構成され，⑴と⑸のフェイズは1単位時間，⑶～⑷は5～7単位時間程度だと述べた。1単位時間は三つの部分で構成されている。

　　指導過程の五つのフェイズ

　　　⑴プロジェクトの立ち上げ：プロジェクトのための目標と聴衆を設定する。

　　　⑵読書と研究：主として，プロジェクトに必要な既有知識を思い出したり情報を集めたりすることに関わる。

　　　⑶作文と研究：主として，プロジェクトのための作品を作ることに充てられ，必要があれば追加の研究を行う。

　　　⑷修正と編集：作品の改善を行う。

　　　⑸プレゼンテーションとお祝い：作品を聴衆に届け，その達成を祝う。

　　1単位時間の構成

　　　1．クラス全体での指導（10-15分）：教師が全米共通標準スタンダード（CCSS）や単元のプロジェクトに即して，ある一つの（またはそれ以上）要点に絞って明示的な指導を行う。この指導の一環として読み聞かせや文章の引用を行うことが多い。

　　　2．小グループ，パートナー，そして／または個人作業（25-30分）：教師

は，小グループの必要に応じて指導と支援を行う。そして／または単元のプロジェクトに関連した作業に生徒が従事するように教室を巡回し，コーチングする。

3. クラス全体でのまとめ（約5分）：教師は，生徒全員を呼び集め，授業の始めに教えたことの要点を確認する。この要点を反映した生徒の作品を全体で共有する。

あ　と　が　き

　私の研究は，大学3年生の時，「文学教育で卒論を書きたいです！」と平瀬正賢先生のゼミに入ったことに始まります。毎回，浜本純逸先生が書いた『戦後文学教育方法論史』の1章をレポートして，ご指導いただくという恵まれた内容でした。先生が一対一で文献講読に付き合ってくださる機会などそうないと知ったのは長崎大学を卒業してからのことでした。『戦後文学教育方法論史』を読んだことで，太田正夫による十人十色を生かす文学教育の実践を知り，「読者論で卒論を書きたい」と少しだけテーマを絞ることができました。その後，イーザーの『行為としての読書』を選び，再び1章を選んでレポートしてご指導いただき読書過程について卒論を書きました。

　「読者論についてもっと研究したい」という思いから大学院進学を決意した後，ご指導をいただきたいと思ったのは，卒論を書くときに著書と論文を繰り返し読んだ上谷順三郎先生と山元隆春先生でした。しかし，平瀬先生から「博士課程まで進学を考えているのであれば広島大学か筑波大学が良い」とご助言をいただき，急浮上した名前が塚田泰彦先生でした。早速，『語彙力と読書』を取り寄せて読んでみたところ，その内容に衝撃を受けました。塚田先生は，「読者論が具体的な指導法を提案していない」と批判し，応用言語学と認知心理学の知見を用いて実証的な研究を行い，意味マップ法という新たな読みの学習方法を提案していたのでした。いま思い返してみると，山元先生か塚田先生のどちらかを選び広島大学か筑波大学で学ぶことを微塵も疑っていなかったところが厚かましい限りですが，塚田先生にお認めいただき，筑波大学で学ぶ権利を得られたのでした。

　筑波大学に進学して学んだ6年間は，個性的でパワフルな先生方と，優秀な院生たちに圧倒されつつも，充実した学修・研究期間となりました。ここ

で出会った甲斐雄一郎先生は，私の研究の出発点となった本を「あんなのカタログ本だぜ」と批評し，研究において問いを立てて論を構造化することの大切さを教えてくださいました。扱う資料も中国，台湾，韓国の教科書にまで及びました。甲斐先生のご指導のもと，留学生たちと行った各国における論語や漢詩教材の取り上げられかたの差異を調べる演習は，国語教育の問題を世界的視野で考えるきっかけになりました。塚田先生には，子どもの反応に基づいて議論することの大切さを教えていただきました。1年生の時の演習でフリックの『質的研究入門』を読み，卒論のように読書過程を観念的に検討するのではなく，児童生徒が実際に教室で示す反応に基づいて研究しなければいけないと強く思うようになったのでした。講義や演習でのご指導のみならず，筑波大学附属中学校の非常勤講師の職を与えてくださったり車を持たない私を茨城県の中学校まで連れて行ってくださったりと調査研究のおぜん立てまでしてくださいました。さらには，上谷先生と山元先生を非常勤講師として筑波大学にお招きくださり，研究の出発点となった両先生から直接学ぶ機会まで作ってくださいました。

　また，博士論文の執筆に当たっては，筑波大学附属中学校の先生方に特別のご配慮をいただきました。とくに，飯田和明先生，五味喜久子先生，秋田哲郎先生には，校長先生や担任教員，保護者と生徒から研究の承諾を得るためにお世話になっただけでなく，同学年の国語科の担当として様々にご指導を賜りました。甲斐先生には，「勝田くんの修論は附属中生が書いたんだぜ」と冷やかされることがありました。それはともかく，附属中の先生方や生徒との出会いがなければ博士論文はおろか修士論文も書けなかったことは間違いありません。

　筑波大学に進学した後も平瀬先生には，九州国語教育学会での発表の場を与えてくださったり長崎大学国語国文学会の紀要に論文掲載をお認めいただいたり，変わらぬご支援をいただきました。さらに，九州国語教育学会の事務局を担当されている河野智文先生にも，これまではとんどご縁がなかった

あとがき　189

にも関わらず，大会での発表や『九州国語教育学会紀要』への論文投稿に当たりいつも丁寧にご対応をいただきました。序章の一部分は，こうした平瀬先生や河野先生のご支援がなければ書けないものでした。

　Rというプログラミング・ソフトを使って統計とテキスト・マイニングの勉強を始めた時，全く面識がないにも関わらず，『Rで学ぶテキスト・マイニング入門』の著者石田基広先生は，いつもメールで私の疑問に答えてくださいました。石田先生にご指導いただいたことを十分に反映できませんでしたが，第4章は石田先生にご指導いただいた成果です。

　筑波大学に内地留学に来た小中学校の先生方とは，日々授業や懇親会等を通して現場の実態について様々に教えていただきました。その後，前嶋洋子先生にご協力をいただき，第3章の公立中学校における調査を実現することができました。

　研究科は異なれども同学年の院生だった Joshua Cole さんとは，授業を通して親しくなり，その後，桝井英人『「国語力」観の変遷』，Louise Rosen-blatt *The reader, the text, the poem* などの著書を週に1度，一緒に読む勉強会を行いました。学部の時と同じスタイルの勉強を再開できたことを嬉しく思うと同時に，一人では到底読み通せない難解な著書を複数読めたことは確かに自分の力になったと思っています。

　こうして多くの先生方のご支援のもとに書き上げた草稿は，博士論文指導委員会のメンバーである塚田先生，甲斐先生，片平克弘先生（理科教育），根津朋実先生（カリキュラム）のご指導のもと，大幅に修正して学位授与に至りました。大学院1年生の時，調査に先立つ研究倫理委員会への申請書類作成にあたりご指導いただいた根津先生は，この時も150頁を超える草稿のほぼ全頁にわたり赤を入れてくださいました。塚田先生，甲斐先生，根津先生による厳しいご指導の中，片平先生は常に私の論文の良い部分を見出してくださり，予備審査会にたどり着くまでの励ましをいただきました。この4人の先生のもとで博士論文を書けたことを幸せに思います。博士論文本審査会

では，根津先生を除く3名の先生と櫻井茂男先生（心理学）にご審査いただきました。櫻井先生にご審査・ご講評をいただいたことで，今後の研究の展望を得ることができました。

　博士論文執筆のために行った研究は，その後，2017〜2019年度の日本学術振興会科学研究費助成事業（若手研究(B)課題番号17K14030）「国語科におけるブッククラブの指導方法による授業研究：物語創作活動の効果に着目して」の助成を受け，現時点で6本の論文を書いています。これらの内容を含めたいという気持ちもありましたが，結局，学位請求論文に修正を加えないまま出版することに決めました。一つには，博士論文指導委員会の先生方に何度もご指導いただき，なんとか形になったものを解体し，新たな内容を加えて再構成する自信がなかったためです。もう一つは，学位取得後に行った研究は，筑波大学附属駒場中・高等学校の澤田英輔先生と筑波大学附属小学校の青山由紀先生との出会いもあり，それ以前の研究とは異なる方向に進みつつあると考えているからです。これらの内容については改めて一冊の本にまとめたいと考えています。とくに，筑波大学で特任助教として2年間働いた後，東洋大学で本格的に教員養成に携わるようになった今，その思いは強くなっています。今度は，学生さんにとって読みやすく，また，教壇に立ってからも折に触れて読み返したくなるようなそんな本を書きたいという目標を持っています。そのための素材として，学位取得後に書いた6本の論文は使いたいと考えています。

　最後になりましたが，本書を手に取って下さった読者の皆様に心よりお礼申し上げます。

　2018年12月

　　　　　　　　　　　　　　　　　　　　　　　　勝田　光

初 出 一 覧

　初出は以下の通りである。ただし博士論文執筆にあたって，大幅な削除や加筆修正，データの再分析・再考察を行った。

序章
・勝田光（2011）「国語科における読みの社会的構成に関する一考察：間テクスト性概念を用いた読者反応の分析を手がかりとして」『国語と教育』長崎大学国語国文学会，第36巻，pp.14-26.
・勝田光（2011）「児童・生徒の〈読み〉を捉えるための方法論の課題―読者反応研究方法論の先行研究レビュー―」『人文科教育研究』人文科教育学会，第38号，pp.59-75.
・勝田光（2013）「英語圏における90年代以降の読者反応研究の動向―3本のレビュー論文の分析を手がかりとして―」『九州国語教育学会紀要』九州国語教育学会，第2号，pp.35-44.
第1章
・勝田光（2013）「〈私の読み〉の形成過程に関する事例研究―中学2年生の「サーカスの馬」（安岡章太郎）に対する読者反応の分析―」，九州国語教育学会，福岡教育大学（口頭発表のみ）
第2章
・勝田光・飯田和明（2014）「生徒の読者反応を支援する教師の役割：単元「文学の学び方〜『走れメロス』による〜」」『国語科教育』全国大学国語教育学会，第76集，pp.15-22.
第3章
・Katsuta, H.（2015）. *How do teachers scaffold students' reader responses?: A comparative analysis of middle schools in Japan*, International Literacy Association, St. Louis, USA（口頭発表のみ）
第4章
・勝田光（2015）「読みの目標の違いが中学3年生の文章産出に与える影響」『読書科

学』日本読書学会，第57巻，第1・2号，pp.13-22.

第5章

・勝田光（2014）「創作指導における学習者の物語改作過程のケーススタディ―教室談話と授業後インタビューの分析―」『国語科教育』全国大学国語教育学会，第75集，pp.24-31.

【付記】

2016年度に学位論文（筑波大学）を提出した後，以下の論文を執筆した。

・勝田光（2017）「読むことの学習指導に物語創作活動をどう位置づけるか―モスによるフォーカス・ユニットの再評価を通して―」『月刊国語教育研究』日本国語教育学会，第537号，pp.38-45.

・勝田光（2017）「米国における『読むことの責任の段階的移行』をめぐる議論について：その批判と具体化に着目して」『人文科教育研究』人文科教育学会，第44号，pp.17-41.

・勝田光（2017）「小学校国語科における物語創作をゴールにした読むことの学習指導―小学2年生が創作した『がまくん・かえるくん』シリーズの分析―」『国語と教育』長崎大学国語国文学会，第42巻，pp.40-53.

・勝田光（2018）「小学校教員養成課程の学生は，どんな国語教師になることを目指せば良いか―ロバート・ラデルの「影響力のある教師」に関する研究を手がかりとして―」『九州国語教育学会紀要』九州国語教育学会，第7号，pp.9-20.

・Katsuta, H. (2018). The value of studying words and deeply thinking using semantic maps in a Japanese reading class. *Journal of Southeast Asian Education, 2,* 11-18.

・勝田光・澤田英輔（2018）「リーディング・ワークショップによる優れた読み手の育成―1時間の授業過程の分析―」『国語科教育』全国大学国語教育学会，第84集，pp.58-65.

文　　献

Alvermann, D. E., Young, J. P., Green, C., & Wisenbaker, J. M. (2004). Adolescents' perceptions and negotiations of literacy practices in after-school read and talk club. In R. B. Ruddell, & N. J. Unrau (Eds.). (2004). *Theoretical models and processes of reading* (5th ed., pp.870-913). Newark, DE: International Reading Association.

Alvermann, D. E. Unrau, N. J., & Ruddell. R. B. (Eds.) (2013). *Theoretical models and processes of reading* (6th ed.). Newark, DE: International Reading Association.

Applebee, A. N. (1978). *The child's concept of story: Ages two to seventeen.* Chicago, IL：The University of Chicago Press.

Applebee, A. N. (1993). *Literature in the secondary school: Studies of curriculum and instruction in the United States.* Urbana, IL: National Council of Teachers of English.

Atwell, N. (1998). *In the middle: New understandings about writing, reading, and learning* (2nd ed.). Portsmouth, NH：Heinemann.

Beach, R. (1993). *A teacher's introduction to reader-response theories.* Urbana, IL：National Council of Teachers of English.（山元隆春（1998）．教師のための読者反応理論入門．広島：渓水社）.

Bernstein, B. (1974). *Class, codes and control* (Vol.1.). London: Routledge（荻原元照（1981）．言語社会化論．東京：明治図書）.

Bleigh, D. (1978). *Subjective criticism.* Baltimore, MD: Johns Hopkins University Press.

Britton, J. N. (1970). *Language and learning.* Harmondsworth, England: Penguin.

Cazden, C. B. (2001). *Classroom discourse* (2nd ed.). Portsmouth, NH: Heinemann.

Clark, K. F. & Graves, M. F. (2005). Scaffolding students' comprehension of text. *The Reading Teacher, 58* (6), 580-580.

Cole, B. (1987). *Prince cinders.* New York: G. P. Putnam's Sons.

Day, J.P., Spiegel, D.L., McLellan, J. & Brown, V.B. (2002). *Moving forward with lit-*

erature circles: How to plan, manage, and evaluate literature circles that deepen understanding and foster a love of reading. New York：Scholastic, Inc.（山元隆春 (2013). 本を読んで語り合うリテラチャー・サークル実践入門. 広島：溪水社）.

Deford, D.E. (1984). Classroom contexts for literacy learning. In T.E. Raphael (Ed.), *The contexts of school-based literacy* (pp. 162-180). New York：Random House.

Dressel, J. H. (1990). The effects of listening to and discussing different qualities of children's literature on the narrative writing of fifth graders. *Research in the Teaching of English, 24,* 397-414.

Duke, N. K. (2000). 3.6 minutes per day: The scarcity of informational texts in first grade. *Reading Research Quarterly, 35* (2), 202-224.

Duke, N.K. (2014). *Inside information: Developing powerful readers and writers of information text through project-based instruction,* New York: Scholastic.

Duke, N.K., Pearson, P.D., Strachan, S.L., & Billman, A.K. (2011). Essential elements of fostering and teaching reading comprehension. In S. J. Samuels, & A. E. Farstrup, (Eds.), *What research has to say about reading instruction* (4th ed., pp.51-93). Newark, DE: International Reading Association.

Evans, K. S. (2002). Fifth-grade students' perceptions of how they experience literature discussion groups. *Reading Research Quarterly, 37* (1), 46-69.

Evans, W. D. E. (1983). Reader-response criticism. In W. Sawyer, K. Watson, & A. Adam (Eds.), *English teaching from A to Z* (pp.158-159). Philadelphia, PA: Open University Press.

Fish, S. (1967). *Surprised by sin: The reader in "Paradise Lost".* New York: Macmillan.

Fisher, D., Lapp, D., & Frey, N. (2011). Comprehension: The cooperation of many forces. In D. Lapp & D. Fisher (Eds.), *Handbook of research on teaching the English language arts* (3rd ed., pp.264-270) New York: Macmillan.

Flick, U. (2009). *An introduction to qualitative research* (4th ed.). New York：Sage Publications（小田博志 (2011). 質的研究入門―〈人間の科学〉のための方法論（新版）. 東京：春秋社）.

藤井知弘 (1998). 読みの交流における対話の実相. 読書科学, *42* (2), 73-81.

藤井知弘 (2000). 読者反応研究から授業化への視点. 国語科教育, *47,* 25-32.

文　献　　195

福田由紀（2009）．私たちは文章を正確にとことん読んでいるだろうか？：文章理解モデルに関する浅い処理の視点．法政大学文学部紀要, *58*, 75-86.

Galda, L.（1982）. Assuming the spectator stance: An examination of the responses of three young readers. *Research in the Teaching of English, 16*（1）, 1-20.

Galda, L., & Beach, R.（2004）. Response to literature as a cultural activity. In R. B. Ruddell, & N. J. Unrau（Eds.）.（2004）. *Theoretical models and processes of reading*（5th ed., pp.852-869）. Newark, DE: International Reading Association.

Galdone, P.（1972）. *The three bears*. New York: McGraw-Hill.（多田裕美（1975）.3びきのくま．東京：ほるぷ出版）.

Greene, C. E.（1976）. *Beat the turtle drum*. New York: Dell.

Guthrie, J. T., Wigfield, A., Metsala, J. L. & Cox, K. E.（2004）. Motivational and cognitive predictors of text comprehension and reading amount. In R. B. Ruddell, & N. J. Unrau（Eds.）.（2004）. *Theoretical models and processes of reading*（5th ed., pp.929-953）. Newark, DE: International Reading Association.

南風原朝和（2002）．心理統計学の基礎：統合的理解のために．東京：有斐閣．

Hansen, J.（1987）. *When writers read*. Portsmouth, NH: Heinemann.

原田大介（2013）．国語教育におけるインクルージョンの観点の導入：コミュニケーション教育の具体化を通して．国語科教育, *74*, 46-53.

原藤芳明（2007）．言語的思考力の向上　読むと書くの関連を図った学習：朗読劇を通して．月刊国語教育研究, *422*, 40-41.

Hickman, J.G.（1979）. *Response to literature in a school environment, grades K-5*（Unpublished doctoral dissertation）. The Ohio State University, Columbus, OH.

Hickman, J.G.（1981）. A new perspective on response to literature: Research in an elementary school setting. *Research in the Teaching of English, 15*, 343-354.

平山満義（1997）．エスノグラフィー法による信頼性と妥当性．平山満義（編），質的研究法による授業研究：教育学 / 教育工学 / 心理学からのアプローチ（pp.50-69）．京都：北大路書房．

平山祐一郎（2008）．大学生の読書状況に関する教育心理学的考察（野間教育研究所紀要　第46集）．東京：野間教育研究所．

Hoffman, M.（1991）. *Amazing grace*. New York: Dial.

Holland, N.（1975）. *5 readers reading*. New Heaven, CT：Yale University Press.

細間宏通（1993）．プロトコル・データの記述と解析．海保博之・原田悦子（編），プロトコル分析入門（pp.106-117）．東京：新曜社．

飯田和明（2002）．授業「『走れメロス』を読むことによる文学の学び方」．人文科教育研究, *29*, 22-47.

池田操&「58の会」（1988）．書くことが楽しくなる「ファンタジーの作文」事例集．東京：明治図書．

今井康晴（2008）．ブルーナーにおける「足場かけ」概念の形成過程に関する一考察．広島大学大学院教育学研究科紀要, *57*, 35-42.

井上陽童（2009）．読みの力を高めるための書く活動の工夫：物語文「ちいちゃんのかげおくり」の実践．月刊国語教育研究, *452*, 38-39.

伊佐見育代（1986）．きつねのたまご．岡山：福武書店（Cathy, H.（1988）. *The fox's egg*. Minneapolis, MN: Carolrhoda Books, Inc.）

Iser, W.（1978）. *The act of reading: A theory of aesthetic response*. Baltimore, MD：The Johns Hopkins University Press（轡田収（2005）．行為としての読書（岩波モダンクラシックス）．東京：岩波書店）．

石田基広（2008）．R によるテキストマイニング入門．東京：森北出版．

石丸憲一（2008）．「読み書き関連」から「読み書き融合」へ：読解力を確かな学力にする意見文の指導．長崎伸二（編），表現力を鍛える説明文の授業（pp.27-33）．東京：明治図書．

石丸憲一（2011）．「読み書き融合」を軸にした国語科指導過程．国語教育探究, *24*, 18-25.

甲斐雄一郎（1994）．教材化の視点．安居総子・東京中学校青年国語研究会（編），中学校の表現指導：聞き手話し手を育てる（pp.16-29）．東京：東洋館出版社．

上谷順三郎（1997）．読者論で国語の授業を見直す．東京：明治図書．

上谷順三郎（2002）．読者反応批評論と国語科教育学研究．全国大学国語教育学会（編），国語科教育学研究の成果と展望（pp.507-515）．東京：明治図書．

神崎奈奈・三輪和久（2012）．グラフの読解に表現と理解の視点が及ぼす効果に関する実験的検討．心理学研究, *83*（3），163-173.

刈谷夏子（2010）．評伝　大村はま：ことばを育て　人を育て．東京：小学館．

勝田光（2011a）．児童・生徒の〈読み〉を捉えるための方法論の課題―読者反応研究方法論の先行研究レビュー―．人文科教育研究, *38*, 59-75.

勝田光（2011b）．国語科における読みの社会的構成に関する一考察：間テクスト性概念を用いた読者反応の分析を手がかりとして．国語と教育, *36*, 14-26.

勝田光（2013a）．英語圏における90年代以降の読者反応研究の動向― 3 本のレビュー論文の分析を手がかりとして―．九州国語教育学会紀要, *2*, 35-44.

勝田光（2013b）．〈私の読み〉の形成過程に関する事例研究―中学2年生の「サーカスの馬」（安岡章太郎）に対する読者反応の分析―．九州国語教育学会，福岡教育大学，9月（口頭発表のみ）

勝田光（2014a）．創作を目的とした読むことの学習指導の意義：テキストマイニングによる中学生の既知とオリジナルの「浦島太郎」の分析．塚田泰彦（編），国語科授業分析研究Ⅹ（pp.144-154）．茨城：人文科教育学研究室．

勝田光（2014b）．創作指導における学習者の物語改作過程のケーススタディ―教室談話と授業後インタビューの分析―．国語科教育，75，24-31.

勝田光（2015）．読みの目標の違いが中学3年生の文章産出に与える影響．読書科学，57（1・2），13-22.

Katsuta Hikaru（2015）．*How do teachers scaffold students' reader responses?: A comparative analysis of middle schools in Japan.* Paper presented at the International Literacy Association conference, St. Louis, Mo.

勝田光・飯田和明（2014）．生徒の読者反応を支援する教師の役割：単元「文学の学び方～『走れメロス』による～」．国語科教育，76，15-22.

Kintsch, W.（1986）. Learning from text. *Cognition and Instruction, 3,* 87-108.

Kintsch, W.（1988）. The use of knowledge in discourse processing: A construction-integration model. *Psychological Review, 95,* 163-182.

Kintsch, W.（1998）. *Comprehension: A paradigm for cognition.* New York: Cambridge University Press.

Kintsch, W.（2004）. The Construction-Integration model of text comprehension and its implications for instruction. In R. B. Ruddell, & N. J. Unrau（Eds.）.（2004）. *Theoretical models and processes of reading*（5th ed., pp.1270-1328）. Newark, DE: International Reading Association.

小嶋恵子（1996）．テキストからの学習．波多野誼余夫（編），認知心理学5　学習と発達（pp.181-202）．東京：東京大学出版会．

国立国語研究所（1967）．小学生の言語能力の発達．東京：明治図書．

Langer, J. A.（1990）. The process of understanding: Reading for literary and informative purposes. *Research in the Teaching of English, 24*（3）, 229-260.

Langer, J. A.,（1995）. *Envisioning literature: Literary understanding and literature instruction.* New York: Teachers College Press.

Langer, J. A. & Applebee, A. N.（1987）. *How writing shapes thinking: A study of teaching and learning.* Urbana, IL: National Council of Teachers of English.

Many, J.E. (1989). *Age level differences in children's use of an aesthetic stance when responding to literature* (Unpublished doctoral dissertation). The Louisiana State University, Baton Rouge, LA.

Many, J.E. (1994). The effect of reader stance on students' personal understanding of literature. In R.B. Ruddell, M.R. Ruddell, & H. Singer (Eds.), *Theoretical models and processes of reading* (4th ed., pp.653-667). Newark, DE: International Reading Association.

Many, J.E. (2004). The effect of reader stance on students' personal understanding of literature. In R. B. Ruddell, & N. J. Unrau (Eds.). (2004). *Theoretical models and processes of reading* (5th ed., pp.914-928). Newark, DE: International Reading Association.

Marshall, J.D. (2000). Research on response to literature. In M.L. Kamil, P.B. Mosenthal, P.D. Pearson, & R. Barr (Eds.), *Handbook of reading research* (Vol.3, pp.381-402). Mahwah, NJ: Erlbaum.

Martinez, M.G., & Roser, N. L. (1991). Children's response to literature. In J. Flood, J. M. Jensen, D. Lapp, & J.R. Squire (Eds.), *Handbook of research on teaching the English language arts* (pp.643-654). New York: Macmillan.

Martinez, M.G., & Roser, N. L. (2003. Children's response to literature. In J. Flood, J. M. Jensen, D. Lapp, & J.R. Squire (Eds.), *Handbook of research on teaching the English language arts* (2nd ed., pp.799-813). New York: Macmillan.

松本修（2006）. 文学の読みと交流のナラトロジー. 東京：東洋館出版社.

松村真宏・三浦麻子（2009）. 人文・社会科学のためのテキストマイニング. 東京：誠信書房.

松尾剛・丸野俊一（2007）. 子どもが主体的に考え，学び合う授業を熟練教師はいかに実現しているか：話し合いを支えるグラウンド・ルールの共有過程の分析を通じて. 教育心理学研究, *55*, 93-105.

丸野俊一・高木和子（1979）. 物語の理解・記憶過程における予測の役割. 読書科学, *22* (3), 69-78.

Möller, K. & Allen, J. (2000). Connecting, resisting, and searching for safer places: Students respond to Mildred Taylor's the friendship. *Journal of Literacy Research, 32* (2), 145-186.

守屋慶子（1994）. 子どもとファンタジー：絵本による子どもの「自己」の発見. 東京：新曜社.

Moss, J. F. (1984). *Focus units in literature: A handbook for elementary school teachers*. Urbana, IL: National Council of Teachers of English.

Moss, J. F. (1990). *Focus on literature: A context for literacy learning*. Katonah, NY: Richard C. Owen.

Moss, J. F. (1995). Preparing focus units with literature: Crafty foxes and authors' craft. In N. L. Roser & M. G. Martinez (Eds.), *Book talk and beyond: Children and teachers respond to literature* (pp.53-65). Newark, DE: International Reading Association.

中村敦雄 (1990). 文学教育の基礎理論研究：W・イーザー「行為としての読書」の検討. 読書科学, *34* (4), 155-164.

難波博孝 (1994). 多様な解釈を保障する教材分析－詩「りんご」の場合. 国語科教育, *41*, 43-50.

鳴島甫 (1993). 生徒の多様な読みを整理するための基礎研究：『羅生門』を例として. 筑波大学学校教育論集, *16*, 159-170.

尾田栄一郎 (1997). *ONE PIECE*. 東京：集英社.

荻原伸 (1996). 文学テクストに対する小・中学生の読みの反応の発達. 国語科教育, *43*, 70-79.

大熊徹 (2010). 読む力と書く力, なぜ転移するのか. 月刊国語教育研究, *459*, 2-3.

大村はま (1982). 大村はま国語教室（第1巻）. 東京：筑摩書房.

大村はま (1983). 大村はま国語教室（第6巻）. 東京：筑摩書房.

尾関周二 (1983). 言語と人間. 東京：大月書店.

Palincsar, A.S. & Brown, A. L. (1984). Reciprocal teaching of comprehension-fostering and comprehension-monitoring activities. *Cognition and Instruction, 1*, 117-175.

Paterson, K. (1977). *Bridge to Terabithia*. New York: Crowell Company. (岡本浜江 (1981). テラビシアにかける橋. 東京：偕成社).

Pearson, P. D., & Gallagher, M.C. (1983). The instruction of reading comprehension. *Contemporary Educational Psychology, 8* (3), 317-344.

Pinkney, J. B. (1997). *The adventures of Sparrowboy*. New York: Simon and Schuster.

Pitcher, E. G. & Prelinger, E. (1963). *Children tell stories: An analysis of fantasy*. New York：International University Press.

Poulet, G. (1980). Criticism and the experience of interiority. In J. P. Tompkins

(Ed.), *Reader-response criticism: From formalism to post-structuralism* (pp.41-49). Baltimore, MD：The Johns Hopkins University Press.

プロジェクトワークショップ（編）（2008）．作家の時間：「書く」ことが好きになる教え方・学び方（実践編）．東京：新評論．

Purves, A.C., & Rippere, V. (1968). *Elements of writing about a literary work: A study of response to literature.* Urbana, IL: National Council of Teachers of English.

Raphael, T.E., Pardo, L. S. & Highfield, K. (2012). *Book club: A literature-based curriculum* (2nd ed.). Littleton: MA: Small Planet Communications, Inc. (有元秀文 (2012). 言語力を育てるブッククラブ：ディスカッションを通した新たな指導法．京都：ミネルヴァ書房).

Richards, I.A. (1929). *Practical criticism: A study of literary judgment.* New York: Harcourt, Brace & World (坂本公延 (2008). 実践批評：英語教育と文学的判断力の研究．東京：みすず書房).

Ricoeur, P. (1976). *Interpretation theory: Discourse and the surplus of meaning.* Fort Worth, TX: Texts Christian University Press (牧内勝 (1993). 解釈の理論．東京：ヨルダン社).

Rosenblatt, L. M. (1938). *Literature as exploration.* New York: Modern Language Association.

Rosenblatt, L. M. (1978). *The reader, the text, the poem.* Carbondale, IL: Southern Illinois University Press.

Rosenblatt, L. M. (1985). The transactional theory of the literary work: Implications for research. In C. R. Cooper (Ed.), *Researching response to literature and the teaching of literature* (pp.33-53). Norwood, NJ: Ablex.

Rosenblatt, L. M. (1993). The literacy transaction: Evocation and response. In K. Holland, R. Hungerford, & S. Ernst (Eds.) , *Journeying: Children responding to literature* (pp.5-23). Portsmouth, NH: Heinemann.

Rosenblatt, L. M. (2013). The transactional theory of reading and writing. In D. E. Alvermann, N. J. Unrau & R. B. Ruddell (Eds.), *Theoretical models and processes of reading* (6th ed., pp.923-956). Newark, DE: International Reading Association.

Roser, N. L., & Martinez, M. G. (Eds.). (1995). *Book talk and beyond: Children and teachers respond to literature.* Newark, DE: International Reading Association.

文　献　201

Roser, N., Martinez, M. and Wood, K. (2011). Students' literary response. In D. Lapp & D. Fisher (Eds.), *Handbook of research on teaching the English language arts* (3rd ed. , pp.264-270). New York: Macmillan.

Ruddell, R. B. (1994). The development of children's comprehension and motivation during storybook discussion. In R.B. Ruddell, M.R. Ruddell, & H. Singer (Eds.), *Theoretical models and processes of reading* (4th ed., pp.281-296). Newark, DE: International Reading Association.

Ruddell, R. B. (1995). Those influential literacy teachers: Meaning negotiations and motivation builders. *The Reading Teacher, 48*, 454-463.

Ruddell, R. B., & Draheim, M., & Barnes, J. (1990). A comparative study of the teaching effectiveness of influential and non-influential teachers and reading comprehension development. In J. Zutell & S. McCormick (Eds.), *Literacy theory and research: Analyses from multiple paradigms* (39th yearbook of the National Reading Conference, pp.153-162). Chicago: National Reading Conference.

Ruddell, R. B. & Haggard, M. R. (1982). Influential teachers: Characteristics and classroom performance. In J. A. Niles & L. A. Harris (Eds.), *New inquiries in reading research and instruction* (31st yearbook of the National Reading Conference, pp.227-231). Rochester, NY: National Reading Conference.

Ruddell, R. B. & Unrau, N. J. (2004a). The role of responsive teaching in focusing reader intention and developing reader motivation. In R. B. Ruddell, & N. J. Unrau (Eds.). (2004). *Theoretical models and processes of reading* (5th ed., pp.954-978). Newark, DE: International Reading Association.

Ruddell, R. B., & Unrau, N. J. (2004b). Reading as a meaning-construction process: The reader, the text, and the teacher. In R. B. Ruddell, & N. J. Unrau (Eds.). (2004). *Theoretical models and processes of reading* (5th ed., pp.1462-1521). Newark, DE: International Reading Association.

Ruddell. R. B., & Unrau, N. J. (2013). Reading as a motivated meaning-construction process: The reader, the text, and the teacher. In D. E. Alvermann, N. J. Unrau & R. B. Ruddell (Eds.), *Theoretical models and processes of reading* (6th ed., pp.1015-1068). Newark, DE: International Reading Association.

Ruddell, R. B., Ruddell, M. R., & Singer, H. (Eds.). (1994). *Theoretical models and processes of reading* (4th ed.). Newark, DE: International Reading Association.

Ruddell, R. B., & Unrau, N. J. (Eds.). (2004). *Theoretical models and processes of reading* (5th ed.). Newark, DE: International Reading Association.

佐藤明宏 (2005). 対案授業を通して分かった続き歌づくり指導の意義と課題. 国語科教育, *58*, 66-73.

佐藤公治 (1996). 認知心理学からみた読みの世界：対話と協同的学習をめざして. 京都：北大路書房.

Schön, D. A. (1987). *Educating the reflective practitioner.* San Francisco: Jossey-Bass. (秋田喜代美・佐藤学 (2001). 専門家の知恵：反省的実践家は行為しながら考える. 東京：ゆみる出版).

Sebesta, S. L. (1995). Reader Response. In T. L. Harris & R. E. Hodges (Eds.), *The literacy dictionary* (pp.209-210). Newark, DE: International Reading Association.

Sendak, M. (1963). *Where the wild things are.* New York: Harper & Row. (神宮輝夫 (1975). かいじゅうたちのいるところ. 東京：冨山房).

清水由紀・内田伸子 (2001). 子どもは教育のディスコースにどのように適応するか：小学1年生の朝の会における教師と児童の発話の量的・質的分析. 教育心理学研究, *41*, 314-325.

Silverstein, S. (1964). *The giving tree.* New York: Harper Collins. (ほんだきんいちろう (1976). おおきな木. 東京：篠崎書林).

Singer, H., & Ruddell, R. B. (Eds.). (1970). *Theoretical models and processes of reading.* Newark, DE: International Reading Association.

Singer, H., & Ruddell, R. B. (Eds.). (1976). *Theoretical models and processes of reading* (2nd ed.). Newark, DE: International Reading Association.

Singer, H., & Ruddell, R. B. (Eds.). (1985). *Theoretical models and processes of reading* (3rd ed.). Newark, DE: International Reading Association.

Sipe, L.R. (1993). Using transformations of traditional stories：Making the reading-writing connection. *The Reading Teacher, 47,* 18-26.

Sipe, L.R. (1996). *The construction of literary understanding by first and second graders in response to picture storybook read-alouds* (Unpublished doctoral dissertation). The Ohio State University, Columbus, OH.

Sipe, L.R. (1998). IRA outstanding dissertation award for 1998: The construction of literary understanding by first and second graders in response to picture storybook read-alouds. *Reading Research Quarterly, 33* (4), 376-378.

Sipe, L. R. (2000). The construction of literary understanding by first and second graders in oral response to picture storybook read-alouds. *Reading Research Quarterly, 35* (2), 252-275.

Sipe，L.R.（2008）．*Storytime：Young children's literary understanding in the classroom.* New York: Teachers College Press.

Smith, F.（1984）. Reading like a writer. In J. M. Jensen（Ed.），*Composing and comprehending*（pp.47-56）. Urbana, IL：ERIC Clearinghouse in Reading and Communication Skills and National Conference on Research on English.

Strauss, A., & Corbin, J.（2008）．*Basics of qualitative research: Techniques and procedures for developing grounded theory*（3rd ed.）. Thousand Oaks, CA: Sage（操華子・森岡崇（2012）．質的研究の基礎：グラウンデッド・セオリー開発の技法と手順．東京：医学書院）．

住田勝（2013a）．読むことの学習・学習者研究．全国大学国語教育学会（編），国語科教育学研究の成果と展望Ⅱ（pp.217-224）．東京：学芸図書．

住田勝（2013b）．書評　寺田守著『読むという行為を推進する力』．国語科教育，*73*，74-76.

住田勝・山元隆春・上田祐二・三浦和尚・余郷裕次（2001）文学作品を読む能力の発達に関する研究：〈つづき物語〉の量的分析を中心として．国語科教育，*49*，57-64.

Szatorawski, P.（1993）．日本語の談話の構造分析．東京：くろしお出版．

高木和子（1987）．幼児の物語経験．福沢周亮（編），子どもの言語心理2　幼児のことば（pp.95-140）東京：大日本図書．

武富久子（2008）．「読むこと」「書くこと」を縒り合わせる単元づくり　単元名：SOS! 地球が危ない：図表を活用した意見文．月刊国語教育研究，*433*，40-41.

田中耕司（2005）．読者論に基づき組織した相互交流型授業の効果に関する研究．塚田泰彦（編），国語科授業分析研究Ⅴ（pp.99-119）．茨城：人文科教育学研究室．

田中実（1994）．教材価値論のために：読みのアナーキーを超える．日本文学，*43*（8），40-53.

寺田守（2002）．学習者の読むという行為を推進する力とは何か：中学生の読者反応にみるテクスト間の関連性に着目して．国語科教育，*51*，42-49.

寺田守（2003）．読むことの授業における学習者の反応方略の分析：「アイスキャンディー売り」（立原えりか）に対する反応の変化に着目して．国語科教育，*53*，34-41.

寺田守（2012）．読むという行為を推進する力．広島：渓水社．

塚田泰彦（2001）．語彙力と読書：マッピングが生きる読みの世界．東京：東洋館出版社．

塚田泰彦（2003）．学習者のテクスト生成過程における表現意識の発生とジャンル選択との関連性の研究．（平成13・14年度日本学術振興会科学研究費補助金・基盤研究C（一般）課題番号（13680280）研究成果報告書）．

塚田泰彦（2005a）（編），国語科授業分析研究Ⅴ．茨城：人文科教育学研究室．

塚田泰彦（2005b）．マッピング実践を展望する．塚田泰彦（編），国語教室のマッピング：個人と共同の学びを支援する（pp.7-31）．東京：教育出版．

塚田泰彦（2009）．考えて書くために読むことの学習をどう転換するか．月刊国語教育研究, *446*, 4-9.

塚田泰彦（2014）（編），国語科授業分析研究Ⅹ．茨城：人文科教育学研究室．

Tompkins, J. P.（Ed.）.（1980）. *Reader-response criticism: From formalism to post structuralism.* Baltimore, MD: The Johns Hopkins University Press.

Trivizas, E.（1993）. *The three little wolves and the big bad pig.* New York: Simon & Schuster（こだまともこ（1994）．3びきのかわいいおおかみ．東京：冨山房）.

内田伸子（1994）．ごっこからファンタジーへ：子どもの想像世界．東京：新曜社．

梅澤実（2005）．文学作品の読みにおける映画台本作成の有効性：小学4年生の「ごんぎつね」の読みを例として．国語科教育, *57*, 68-75.

Vygotsky, L.S.（2012）. *Thought and language*（revised and expanded edition）. Cambridge, MA: MIT Press（柴田義松（2001）．新訳版・思考と言語．東京：新読書社）.（Original work published 1934）

渡辺雅子（2004）．納得の構造：日米初等教育に見る思考表現のスタイル．東京：東洋館出版社．

Wertsch, J. V.（1998）. *Mind as action.* New York：Oxford University Press.（佐藤公治・田島信元・黒須俊夫・石橋由美・上村佳世子（2002）．行為としての心．京都：北大路書房）.

Wood, D. J., Bruner. J.S., & Ross, G.（1976）. The role of tutoring in problem solving. *Journal of Child Psychology and Psychiatry, 17,* 89-100.

山田剛史・井上俊哉（2012）．メタ分析入門：心理・教育研究の系統的レビューのために．東京：東京大学出版会．

山元隆春（1990）．虚構テクストを読む力の発達：「きつねの窓」に対する児童の反応分析をとおして．国語科教育, *37*, 35-42.

山元隆春（1992）．文芸の授業のための学習者研究：読者反応研究の観点から．国語

科教育, *39*, 27-34.

山元隆春 (2005). 文学教育基礎論の構築：読者反応を核としたリテラシー実践に向けて. 広島：溪水社.

山元隆春 (2014). 読者反応を核とした「読解力」育成の足場作り. 広島：溪水社.

山元隆春 (2015). 読書感想をひらく. 山元隆春 (編), 読書教育を学ぶ人のために (pp.135-154). 京都：世界思想社.

山元隆春・住田勝 (1996). 文学作品に対する子どもの反応の発達：『おにたのぼうし』の場合. 国語科教育, *43*, 60-68.

全国大学国語教育学会 (編). (2002). 国語科教育学研究の成果と展望. 東京：明治図書.

全国大学国語教育学会 (編). (2013). 国語科教育学研究の成果と展望Ⅱ. 東京：学芸図書.

人 名 索 引

Applebee, Arthur 14, 18, 19, 20, 28, 29, 30, 31, 169
Bernstein, Basil 88
Cazden, Courtney 57, 183
Duke, Nell 182, 183
Evans, Karen 109
Galda, Lee 16, 17
Hickman, Janet 17, 18
Iser, Wolfgang 6, 7, 8, 9, 10, 35
Kintsch, Walter 182, 183
Langer, Judith 16
Many, Joyce 90, 92, 93, 94
Möller, Karla 58
Moss, Joy 26, 27, 28
Palincsar 165
Pearson, David 3, 74, 182
Piaget, Jean 19
Pitcher, Evelyn 28
Purves, Alan 13, 15, 16, 50
Raphael, Taffy 3, 5, 74
Richards, Ivor 2, 13, 15
Rosenblatt, Louise 2, 3, 6, 8, 9, 10, 11, 12, 25, 26, 35, 90, 135, 180, 182
Roser, Nancy 13

Ruddell, Robert 11, 12, 33, 36, 77, 177, 179, 182
Sipe, Lawrence 3, 4, 5, 6, 8, 14, 20, 22, 24, 26, 28, 31, 32, 46, 57, 62, 66, 74, 75, 76, 77, 135, 136, 179, 180
Squire, James 15
Szatorawski, Polly 150, 165
Vygotsky, Lev 3, 28
Wertsch, James 165
有元秀文 5
飯田和明 63
池田操 143
内田伸子 143, 144, 169
大村はま 143, 183
住田勝 28, 170
塚田泰彦 26, 28, 117, 142, 143
寺田守 14, 28, 31, 32, 57, 116
鳴島甫 8
難波博孝 8
守屋慶子 171
山元隆春 13, 14, 15, 16, 18, 19, 20, 28, 31, 50, 133, 170
魯迅 95
渡辺雅子 181

事 項 索 引

英数

1 人称　160, 161, 170
3 人称　154, 160, 161, 170
ADHD　109
IRE のパタン　56

あ行

遊び　180, 183
一斉授業　33
意味　2, 3, 6, 8, 9, 11, 12, 17, 18, 36, 46,
　47, 50, 51, 53, 54, 55, 56, 57, 58, 62, 63,
　80, 88, 92, 94, 96, 106, 108, 109, 110,
　116, 125, 128, 131, 132, 144, 176, 177,
　178, 180, 181, 182
イメージ　106
因果律　181
インタビュー　30, 47, 50, 53, 57, 58, 64,
　146, 148, 149, 160, 163
エスノグラフィー　17
絵本　20, 22, 24, 31, 32, 46, 57, 62, 74, 75,
　76, 149
音読　69, 70, 75, 119

か行

解釈　3, 8, 11, 12, 15, 17, 26, 32, 47, 50,
　51, 55, 56, 57, 66, 67, 71, 75, 94, 161,
　170, 176
概念　7, 8, 10, 26, 28, 29, 31, 32, 116, 169,
　170
書き言葉　2, 13, 14, 15, 16, 17, 35, 116
画一的な反応　179, 180
書く　2, 3, 5, 12, 14, 29, 31, 35, 36, 37, 47,
　55, 58, 59, 63, 66, 69, 70, 80, 88, 95,
　106, 108, 109, 116, 129, 132, 133, 135,
　136, 137, 142, 143, 145, 146, 169, 176,

177, 178, 179, 180, 181, 182, 183
学習　3, 5, 13, 14, 26, 32, 33, 35, 36, 37,
　46, 47, 56, 57, 76, 77, 88, 109, 116, 117,
　132, 133, 137, 142, 143, 146, 149, 150,
　160, 161, 162, 163, 165, 168, 169, 171,
　179, 180, 181, 182, 183
学力調査　88, 89, 97, 109, 135, 136
語り手　150, 153, 160, 161, 163, 170, 171
慣習的な知識　29, 31
感想文　5, 32, 36, 50, 55, 58, 59, 80, 90,
　93, 94, 109, 116, 133, 136, 176, 178,
　179, 180
間テクスト性　32, 116
起承転結　149, 169
既有知識　2, 163, 182
教科書　76
教室談話　32, 50, 56, 150, 159, 163, 165,
　176
教師の役割　3, 4, 5, 22, 24, 32, 35, 36, 37,
　46, 57, 62, 66, 67, 69, 70, 71, 74, 75, 80,
　116, 176, 177, 179, 181
虚構　17, 150, 153, 170, 171
空所　7, 8
経験　2, 3, 27, 28, 33, 57, 62, 76, 135, 137,
　144, 163
行為遂行的な反応　25, 26, 136
構造主義　15
構築 - 統合モデル　182
交流　5, 9, 12, 25, 28, 46, 88, 90, 133, 135
国際リテラシー学会　10
個性的な反応　88
コミュニケーション　6, 7

さ行

作者　2, 18, 19, 27, 28, 32, 55, 88, 116, 135,
　137, 142, 163, 166, 171, 179, 180, 181,

事 項 索 引　209

183

支援　2, 3, 4, 5, 12, 13, 22, 24, 31, 35, 36, 37, 46, 55, 56, 57, 58, 59, 62, 66, 67, 70, 74, 80, 90, 106, 107, 108, 109, 110, 116, 176, 177, 178, 179, 180, 181, 182, 183, 184

時系列　181

実証　3, 5, 8, 26, 90

社会文化的アプローチ　3

主題　19, 106, 135, 150, 151, 169, 180

小グループ　16, 27, 32, 33, 36, 80, 88, 89, 90, 91, 97, 107, 108, 109, 110, 137, 177

推測　48, 55, 144

推論　19, 20

スキーマ　66, 67, 142, 143, 144, 146, 169, 181

優れた教師　21, 32

スタンス　8, 9, 10, 26, 90, 135, 161, 170, 171

コード　32, 88

設定・目標・展開・終末　149, 150, 151

説明的文章　182, 183, 184

相互作用　4, 5, 6, 12, 51, 53, 56, 71, 74, 90, 91, 97

創作　5, 14, 26, 27, 28, 29, 31, 33, 35, 36, 37, 77, 116, 117, 119, 125, 127, 128, 129, 130, 133, 135, 136, 137, 142, 143, 144, 146, 149, 150, 151, 153, 154, 160, 164, 168, 169, 170, 171, 179, 180, 181, 183

創造　22, 24, 25, 26, 28, 116, 124, 125, 129, 131, 132, 135, 179, 183

た 行

ダイナミズム　20, 66, 70

ダイナミック　4, 5, 16, 24, 74, 177

他者　2, 3, 5, 10, 17, 28, 88, 106, 109, 110, 133, 178

単元　26, 63, 66, 69, 70, 76, 183

出来事　8, 9, 28, 29, 48, 94, 106, 108, 144,

161, 180, 181

登場人物　10, 26, 27, 94, 106, 129, 130, 135, 144, 153, 154, 161, 163, 170, 180, 181

読者反応　2, 3, 4, 5, 6, 8, 10, 11, 13, 14, 15, 16, 17, 18, 20, 21, 22, 24, 26, 31, 35, 36, 46, 56, 57, 62, 63, 66, 67, 70, 74, 77, 108, 109, 116, 117, 132, 133, 135, 136, 170, 171, 176, 178, 179

読書　2, 3, 5, 6, 8, 9, 10, 11, 12, 14, 15, 16, 17, 18, 20, 24, 28, 31, 32, 33, 35, 36, 37, 46, 57, 76, 109, 116, 133, 135, 137, 142, 176, 177, 178, 179, 180, 181, 182, 183, 184

読解　47, 182

な 行

認知心理学　143, 182

は 行

発達　11, 13, 14, 18, 19, 20, 28, 36, 109, 170, 181

発話　12, 51, 53, 57, 62, 66, 67, 69, 71, 75, 76, 77, 89, 90, 91, 97, 108, 134, 135, 150, 161, 165, 166, 178

話し合い　11, 13, 33, 36, 50, 53, 56, 57, 58, 62, 80, 108, 109, 110, 149, 169, 176, 177, 179, 181

話し言葉　14, 16, 17, 35

否定　7, 8, 17, 48, 56

表現　14, 19, 24, 25, 71, 142, 143, 144

描写　154, 161, 162, 163

ファンタジー　13, 171

ブック・クラブ　2, 3, 5

文学的文章　2, 5, 13, 14, 20, 26, 27, 29, 31, 37, 47, 109, 116, 132, 133, 135, 136, 137, 142, 143, 149, 168, 169, 171, 179, 181, 182, 183

ま 行

物語　10, 12, 14, 20, 22, 24, 26, 27, 28, 29,

30, 31, 33, 36, 37, 76, 77, 94, 106, 107, 108, 116, 117, 119, 124, 127, 130, 132, 133, 135, 136, 137, 142, 143, 144, 145, 146, 149, 150, 151, 153, 154, 159, 160, 162, 163, 164, 165, 166, 168, 169, 170, 171, 179, 180, 181, 183

や行

読み書きが苦手　33, 36, 58, 80, 81, 88, 89, 90, 92, 97, 106, 108, 109, 110, 176, 177, 178

読み聞かせ　20, 21, 24, 26, 27, 31, 46, 62, 74, 75, 76, 165

ら行

理解　2, 3, 12, 14, 15, 18, 19, 20, 22, 24, 27, 31, 32, 53, 57, 58, 90, 92, 93, 94, 95, 97, 107, 135, 144, 166, 181, 182

リテラチャー・サークル　2, 5

理論　2, 3, 5, 6, 7, 8, 10, 11, 12, 15, 19, 25, 36, 62, 63, 135, 142, 143, 144, 146, 169, 181, 182, 183

文 学 作 品 索 引

3匹のくま　26
ONE PIECE　181
浦島太郎　117, 119, 129, 136, 137, 181
おおきな木　146, 165, 171
スズメ少年の冒険　76
注文の多い料理店　15
桃太郎　137, 144

藤野先生　88, 93, 94, 95, 96
サーカスの馬　36, 47, 176
きつねの窓　13
くらげの骨なし　137
因幡の白兎　137
故郷　88, 92, 93, 94, 95, 96, 108

著者略歴

勝田　光（かつた　ひかる）

1987年　長崎県生まれ
2010年　長崎大学教育学部学校教育教員養成課程
　　　　中学校教育コース国語専攻卒業
2012年　筑波大学大学院人間総合科学研究科博士前期課程
　　　　教育学専攻修了
2016年　筑波大学大学院人間総合科学研究科博士後期課程
　　　　学校教育学専攻修了
2016年　筑波大学人間系　特任助教
現　在　東洋大学文学部　講師
　　　　博士（教育学）（筑波大学）

受賞
日本読書学会研究奨励賞
筑波大学日本語日本文学会研究奨励賞
筑波大学人間総合科学研究科長賞

中学生の書く行為に着目した国語科における読者反応の支援

2019年1月31日　初版第1刷発行

　　　　　　　　　著　者　　勝　田　　　光
　　　　　　　　発行者　　風　間　敬　子
　　　発行所　　株式会社風間書房
　　　〒101-0051　東京都千代田区神田神保町1-34
　　　電話 03（3291）5729　FAX 03（3291）5757
　　　　　　　　　振替　00110-5-1853

　　　　　　印刷　藤原印刷　　製本　井上製本所

Ⓒ2019　Hikaru Katsuta　　　　　　　NDC分類：375
　　ISBN978-4-7599-2265-3　　　Printed in Japan

JCOPY 〈(社)出版者著作権管理機構　委託出版物〉
本書の無断複製は，著作権法上での例外を除き禁じられています。複製される場合はそのつど事前に(社)出版者著作権管理機構（電話03-5244-5088，FAX 03-5244-5089, e-mail:info@jcopy.or.jp）の許諾を得て下さい。